스타일은 태도다

스타일은 태도다

호감을 얻는 자기표현 수업

Style is attitude

김주미 지음

다산북스

아침마다 그날을 기대하는 마음가짐을 입는다

패셔니스타로 유명한 아버지 때문이었을까. 어렸을 때부터 외모와 스타일에 관심이 많았다. 공부보다 외모에 더 관심이 많은 학창 시절을 보냈다. 그래도 원하는 대학에 갈 수 있었던 건 학창 시절에 교복을 입었기 때문이 아니었을까. 교복이 없었다면 나는 매일 학교에 입고 갈 옷을 고르는데 온 정성과 시간을 다 썼을지도 모르겠다.

집안 사정으로 대학교 1학년 때부터 뜻하지 않은 독립을 하게 되었다. 삶의 모든 결정에 자유가 주어졌고 내가 입을 옷을 결정하는 건 오로지 내 몫이었다. 나의 판단에만 의지해서 옷을 고르다 보니 부모님의 안목과 의견의 개입이 없었다. 특히 엄마의 예산이 투여된 옷을 입는 친구들과는 스타일의 결이 다를 수밖에 없었다. 당시 나의 가장 큰 관심사는 적은 예산으로도 옷을 잘 입는 법이었다. 매달 패션지를 구입해서 트렌디한 스타일을 공부했고 내가 마련할 수 있는 예산(한 달 과외비 내에서)으로 옷을 사 입었다. 길을 걷다가 거울에 비친 내 모습이 마음에 들지 않으면 옷 가게에 들어가 바로 새 옷을 사 입을 정도로 스타일에 신경을 썼다. 하지만 그런 노력에도 불구하고 늘 부족한 느낌이 들었다.

나의 작은 키와 하체에 유독 살이 집중된 체형이 걸림돌이었다. 가장 큰 문제는 내가 입고 싶은 옷과 어울리는 옷이 다른 것이었다. 다리가 예쁜 친구가 입은 미니스커트는 내가 소화할 수 있는 옷이 아니었고, 민소매도 팔뚝에 살이 많은 나에겐 머나먼 당신이었다. 옷을 잘 입는 건 키와 체형이 받쳐주어야만 가능한 일이라는 생각이 들었다. 입고 싶은 옷들이 내 체형에 어울리지 않는다고 느낄 때마다 상심이 커졌다. 당시에 만약 옷을 잘 입는 법을 알려주는 학원이 있었다면 나는 어떻게든 그곳을 찾아가서 수업을 등록했을 거다.

외모에 자신이 없고 스타일에는 더욱 확신이 없었던 시절의 나는 내 모습이 전혀 마음에 들지 않았다. 온갖 노력을 해도 내가 원하는 모습은 될 수 없을 거란 생각에 자신감은 점점 더 낮아졌다. 내가 원하는 삶을 살지 못하는 건 부족한 내 외모 때문이라는 생각에까지 이르렀고 우울감은 깊어졌다. 그러던 어느 날 외모에 대한 나의 집착이 한순간에 무너지는 사건이 발생했다. 바로 언니의 교통사고였다. 어린 시절 네 살 많은 언니와 함께 외출하면 언니가 더 예쁘다는 등 외모를 비교당하는 경우가 많았다. 예쁜 외모로 누구보다 행복하게 살 줄 알았던 언니가 하루아침에 반 식물인간이 된 사고를 겪고 큰 충격과 슬픔에 휩싸였다. 당시 20대 중반이던 나는 한 치 앞을 내다볼 수 없는 것이 인생임을 깨닫고 '언제나 지금 이 순간을 가장 소중히 여기며 누구와 비교하지 않고 스스로 만족하는 삶을 살아야겠다'고 다짐했다. 체형에 맞지 않는 옷을 좇으며 내 외모의 단점을 탓하기를 그만두었다. 타고난 내 모습을 인정하고 내가 가진 개성을 장점으로 살리고자 노력했다. 그 결과 외모에 대한 강박과 콤플렉스에서 벗어날 수 있었고 매일 스스로를 가꾸는 의미와 즐거움을 깨닫게 되었다.

그런 깨달음이 이미지코칭 컨설턴트라는 지금의 직업으로 이어졌다. 과거 헤드헌터로 일하던 시절 커리어를 잘 관리한 사람인데도 스타일링이 아쉬워 면접에서 불리한 경우를 많이 보았다. 문득 대학 연극 동아리에서 3년간 분장을 맡으며 다른 사람을 꾸며주는 일에도 관심이 많았던 내가 떠올랐다. 역으로 외모에 대한 집착을 버리고 새 삶을 얻은 경험을 공유하면서 스타일에 고민이 있는 사람들을 도와줄 수 있겠다는 생각에 이르렀다. 그길로 회사를 그만두고 메이크업 전공으로 대학원에 진학해 화장품 회사와 미용학원 강사로 경력을 쌓았다. 문화센터 강의와 블로그를 통해 메이크업 레슨을 해주기도 했는데, 수강생들이 자신만의 매력을 발견하고 기뻐하는 모습을 보며 그 어느 때보다 큰 행복을 느꼈다. 수년간 대학에서 메이크업과 이미지 메이킹 과목을 가르치다 2012년 이미지코칭 전문 회사를 차렸다. 개인 이미지코칭은 물론 이미지코칭 클래스, 스타일 클래스 등 이미지 변화를 돕는 다양한 자기 관리 프로그램을 운영하고 있다. 다수의 방송에 출연했고 기업과 기관에 출강을 나가며 퍼스널 이미지코칭 분야의 독보적인 전문가로서 인정받게 되었다.

옷을 잘 입으면 무엇이 달라질까? 내 마음에 꼭 드는 옷을 입은 날의 기분을 상상해 보라. 절로 미소가 지어지고, 어깨가 당당하게 펴지는 느낌이 들지 않는가? 그날은 누군가를 만나는 일이 좀 더 설레는 일이 될 것이다. 내가 입은 옷은 내 기분에 영향을 주고, 그날의 일정에도 긍정적인 영향을 줄 수 있다. 나에게 유리하게 작용하는 스타일이 무엇인지를 아는 사람은 옷으로 자신의 가치를 높일 수 있다. 매일 입는 옷에는 그날 하루,

나아가 내 삶의 태도가 담긴다. 옷에는 인생의 그림을 바꾸는 힘이 있다.

나는 옷을 잘 입기 위해서는 정형화된 스타일의 법칙을 배우기보다 어떤 태도를 가질 것인지를 결정하는 것이 먼저라고 생각한다. 매일의 옷 입기는 세상에 자신을 표현하는 다정하고도 현명한 언어를 고르는 일, 매일의 태도를 입는 일이다. 태도를 바꾸고, 스타일을 바꾸어 자신만의 매력을 드러내며 삶이 달라진 사람들의 이야기를 진솔하게 담았다. 이 책을 읽고 변화한 당신의 이야기를 전해 들을 수 있다면 나는 더없이 기쁠 것이다.

나를 더욱 빛나게 하는 스타일의 비밀. 이제 당신이 그 비밀을 마주할 시간이다.

2024년 11월
소울뷰티디자인 대표 김주미

차례

2부

당신의 스타일이
당신을 말한다

3부

이제 어떻게
입을 것인가

1부

스타일을 바라보는
관점부터 바꿔라

Style is attitude

외모에 대한 관점이
내 스타일을 결정한다

'외모'라는 단어를 들으면 어떤 생각이 떠오르는가? 대개는 타고난 이목구비나 체형, 겉모습을 꾸미고 차려입는 것을 떠올린다. 겉으로 드러나 보이는 모양', 즉 한 사람에게서 외적으로 보이는 모습 전체를 뜻한다. 다시 말해 외모는 단순히 이목구비나 체형만을 뜻하는 것이 아니다. 그 사람의 표정과 자세, 제스처, 헤어스타일과 메이크업, 액세서리와 의상을 포함하여 겉으로 표현되고 보이는 모든 모습을 말한다.

오랫동안 이미지 변화를 원하는 사람들을 직접 코칭하면서 그들의 생각을 들여다보니 저마다 외모에 대한 관점이 달랐다. 그에 따라 자기 외모를 바라보는 시선과 관리하는 태도 또한 달라졌다. 이미지코칭 수업을 할 때마다 이 외모라는 단어에 담긴 정의를 풀이하며 수업을 시작하는 이유다.

지금은 외모, 그러니까 외적인 모습 또한 자기 관리 능력으로 평가받는 시대다. 사회생활이나 직장 생활을 해본 사람이라면 신뢰감이 느껴지며 호감을 주는 외모가 능력을 더욱 부각시킨다는 말에 공감할 것이다. 미국의 사회심리학자 앨버트 머레이비언Albert Mehrabian이 제시한 머레이비언의 법칙The Law of Mehrabian에 따르면, 상대방의 첫 이미지를 판단하는 기준 중에 말이 차지하는 비율은 고작 7퍼센트에 불과하다. 목소리는 38퍼센트, 외적으로 보이는 시각적 이미지는 무려 55퍼센트에 이른다. 외모보다 내면이 중요하다고 많이들 이야기하지만, 첫인상을 판단하는 요소에서 '외적 모습'이 큰 비중을 차지하는 것을 무시할 수 없다는 의미다.

사실 외모로 상대방을 판단하는 태도는 인간의 아주 오래된 행동 양식이다. 첫인상에 영향을 주는 요소 중 첫 번째로 '외모'를 꼽는 이유는 상대방을 알아보기에 가장 쉽고 빠른 단서이기 때문이다. 한번 잘 생각해 보라. 상대의 외적인 모습이 마음에 들 때 그 사람의 말에 더 귀를 기울이지 않았던가? 소개팅이나 면접에서도 유리한 외모는 분명 존재한다. 첫 만남에서 보이는 외모는 이후의 관계에까지 영향을 미친다. 이것은 단순히 외모지상주의에 관한 이야기가 아니다. 어떤 관계가 형성되기 전에 당신이 누구인지를 아는 사람은 거의 없다. 그저 어떻게 보이는지만 알 뿐이다.

　그동안 외모를 어떻게 정의하고 살아왔는가? 타고난 피부나 이목구비, 키와 체형 등으로 외모를 정의하는 사람은 좋은 외모 역시 타고난다고 여긴다. 개선하려면 외과적인 수술이나 시술이 필수라고 생각한다. 하지만 외모를 외적으로 표현되고 보여지는 모습이라는 개념으로 이해하는 사람은 자신이 표현할 수 있는 외적 요소들을 세세히 바라보며 어떻게 개선할지를 고민하고 시도한다.

　내가 생각하는 단어의 정의가 그 단어와 관련된 태도와 행동을 결정한다. 이제는 외모를 그저 타고난 모습이 아닌, 한 사람을 이루는 여러 특성 중에 스스로를 표현하는 외면의 정체성으로 재정의해 보자. 특히 스타일은 외적인 모습을 구체적으로 디자인하는 도구다. 자신의 스타일이 스스로의 선택에 따라 달라짐을 인지한다면 다른 사람에게 제일 먼저 보여주는 나의 정체성을 무심하게 내버려두지는 않을 것이다.

외모를 바라보는 나의 시선은 어떠한가
....

우리는 왜 더 매력적인 외모를 원할까? 왜 날씬한 몸매를 위해 다이어트를 반복하고 세련된 옷차림을 위해 쇼핑에 몰두할까? 매력적으로 보이고 싶은 마음은 자기만족을 위한 인간 본연의 심리다. 하지만 단순히 자기만족만을 위해 외모를 가꾼다고 하기엔 어딘가 석연치 않은 부분이 있다. 사실 우리는 모두 자신의 아름다움으로 타인의 호감을 끌고 싶은 미적 본능을 가지고 있기 때문이다.

나와 함께 있는 사람이 매력적이라는 생각이 들면 나의 가치도 상승한다고 느끼는 감정을 심리학에서는 '긍정적 복사 효과'라고 한다. 매력적인 사람을 볼 때 우리의 뇌에서는 맛있는 음식을 먹거나 좋은 음악을 들을 때 또는 금전적 이익을 얻을 때처럼 감정을 조절하는 안와전두엽 피질이 활성화된다(실제로 당신이 좋아하는 연예인의 얼굴을 한번 떠올려 보라. 입가에 미소가 지어지지 않는가?). 자신에게 미치는 긍정적인 영향을 생각하기 때문이다. 매력적인 사람에게 끌리는 사람들의 속성을 단순히 속물적인 마음으로 치부할 일은 아니라는 이야기다.

외모에 대한 자신만의 관점이나 기준을 정립하지 못한 사람은 자신의 스타일을 어떻게 연출해야 하는지 어려워한다. 이때 외모를 바라보는 시선은 편향적이거나 부정적이기 쉽다. 크게 두 가지로 나뉘는데 하나는 외모를 자신의 인생에서 가장 중요한 것으로 여기며 온통 외모 관리에만 시간과 공을 들이는 유형이고, 또 하나는 인생에서 외모는 그리 중요하지 않다고 생각해서 관리에 소홀한 유형이다.

첫 번째 유형은 추구하는 외모의 기준이 무척 높다. 외모에 늘 높은 잣대를 들이밀며 타인의 시선에 집착한다. 그 결과 판단력이 흐려져 자신의 외모에 대한 만족감이 낮다. 세상이 선호하는 기준을 따라가기에 바빠 행여나 내가 놓친 관리 비법은 없는지 불안해하기 일쑤다. 자신이 보기에 더 나은 외모를 가진 사람과 끊임없이 자신을 비교하면서 외모에 대한 강박이 심해진다. 이들에게 외모란 나라는 사람을 대변하는 모든 것이다. 나의 가치가 모두 외모에서 결정된다고 여기며 타인을 바라볼 때도 외모로 모든 것을 판단해 버리기 쉽다.

강의에서 만난 50대 초반의 여성은 평생 자신의 외모를 가꾸는 일에 몰두하며 살았다고 고백했다. 수차례 성형 수술을 했고 강박적으로 꾸미고 지냈다. 그런데 거울을 볼 때면 마음에 들지 않는 부분이 제일 먼저 눈에 들어오고 점점 나이가 들어가는 모습이 보여서 마음이 괴롭다고 했다. 지금도 유명하다는 메이크업 아티스트와 스타일리스트를 쇼핑하듯 찾아다니며 자신의 외모에 대한 조언을 구한다고 했다. 이 이야기를 듣고 안타까웠다. 남다른 노력을 기울이고 있어도 그가 자신의 외모에 만족하는 날이 올지 미지수라는 생각이 들었다.

스타일도 나를 이루는 정체성의 한 부분이다

....

두 번째 유형은 외모가 그다지 중요하지 않다고 여겨 자신을 가꾸는 일에 애쓰지 않고 타인의 시선에도 무감각하다. 외모를 꾸미는 데 시간과 돈을 투자하지 않는 대신 더 가치 있다고 생각하는 일에 열중한다. 이를테면 업무 성과나 공부, 자녀 양육, 여타 사회 활동이다. 외모로 판단되기를 무척 싫어하며 누군가를 처음 만날 때조차 외모보다는 내면을 알아봐 주길 기대한다. 이들 중 상당수는 자신의 모습을 정면으로 마주하고 객관적으로 살펴보기를 두려워해 외모를 아예 외면해 버린다. 자신의 스타일에 신경 쓰는 것은 시간 낭비로 여기는 경우가 많다.

오랜 고민 끝에 나를 찾아왔다는 30대 후반의 회계 컨설팅 회사 대표 L 씨는 선하고 동글동글한 인상의 소유자였다. 그는 사람들이 자신을 너무 편하게 인식하는 바람에 자신을 대표로 보지 않거나, 예의 없이 대하는 불편한 일이 자주 있었다고 고백했다. 최근에는 스타일을 관리하지 않아서인지 사람들로부터 지쳐 보인다거나 아파 보인다는 말을 자주 들었다고 한다. 이제는 전문가답고 매력적인 이미지로 변하고 싶다는 바람을 털어놓았다. 왜 그동안 자신을 가꾸지 않았느냐고 묻자 "꾸미는 데 관심이 없기도 했고 어떻게 꾸며야 할지도 모르겠더라고요. 사실은 외모를 관리하고 스타일에 신경 쓰는 일이 하찮고 불필요하다고 느꼈어요. 털털하게 보이는 편한 옷차림이 열심히 사는 걸 보여준다고 생각하기도 했고요." 라며 어색한 미소를 지었다.

L 씨처럼 외모와 스타일이 한 사람의 이미지 형성에 얼마나 큰 역할을 하는지 인식하지 못하는 사람들은 스타일 관리를 그저 '귀찮고 쓸데없는 일'로 여긴다. 하지만 L 씨는 이미지코칭 이후 매일 자신의 내면과 외면의 상태를 살펴보고 관리하는 연습을 하면서 세련되고 당당한 이미지를 찾았다. 스타일이 달라지자 주변에서 칭찬하는 사람이 많아졌다. 처음엔 어색하고 쑥스러웠지만 시간이 지날수록 바뀐 자신의 스타일에 점점 익숙해졌다. 매일 조금씩 자신을 가꾸는 일이 얼마나 기분 좋은 일인지도 깨달았다. 그는 이제 자신에게 애정 어린 관심을 보내고, 사회적 이미지에 맞게 적극적으로 스타일을 관리하겠다고 약속했다.

『생각정리 스킬』을 집필한 복주환 저자는 한때 외모 콤플렉스를 가지고 있었다. 하지만 단점을 자신의 개성으로 받아들이고 스타일 관리를 긍정적으로 여겨 신경을 쓰자 매력적인 스타일로 바뀌는 놀라운 경험을 했다. 한때 그는 실력만으로 평가받으려 노력하면서 외모를 가꾸는 데 소홀했다. 10킬로그램 이상 체중이 불어나 맞는 옷이 없을 정도로 몸이 무거웠던 때도 있었다. 하지만 자신의 진정성 있는 콘텐츠를 담는 그릇이 자신의 모습임을 깨달았다. 이후 운동을 시작하는 등 적극적으로 자신을 가꾸려고 노력했다. 스마트한 스타일로 당당하게 메시지를 전하자 신뢰감이 느껴진다는 칭찬이 쏟아졌다. 무엇보다 스스로도 자신의 매력을 확인하면서 자존감이 높아지고 자신감도 충만해졌다고 말했다.

외모에 대해 균형적인 관점과 태도를 갖는 건 그리 쉬운 일이 아니다. 다시 말하지만, 우리가 스타일을 가꾸고 더 보기 좋은 모습이 되기를 원하는 이유는 '자신에 대한 만족감'을 느끼고 '타인의 호감'을 얻기 위해서다. 이제는 이 당연한 이유를 솔직하게 인정하고 매력적인 스타일을 추구하는 노력을 건강하게 바라보자.

그동안 나는 외모를 어떻게 바라봤는가? 해당하는 항목을 하나만 골라보자.

☐ 01 내 모습을 인정하고 사랑한다. 외모 관리는 나를 위한 행복한 투자라고 생각한다.

☐ 02 내 외모가 불만족스럽다. 거울을 보기가 두렵고 내 단점들을 부끄럽게 생각한다.

☐ 03 왜 외모를 가꿔야 하는지 이해할 수 없다. 외모 관리는 다른 일에 비해 그리 중요한 게 아니다.

☐ 04 외모보다는 커리어를 쌓거나 가족을 챙기는 데 더 집중하고 싶다. 따로 외모를 가꿀 시간을 내기 어렵다.

☐ 05 더 나아지고 싶기는 하나 관리한다고 해서 달라질 수 있을지 의심이 된다.

☐ 06 연예인처럼 세련되고 싶다. 잘생기거나 예쁜 사람을 SNS나 거리에서 볼 때 샘이 나고 스트레스를 받는다.

결과

01 긍정형

바른 외모 가치관을 가지고 있다. 남과 다른 나를 더욱 소중히 여기고 이유와 목표를 유념하며 외모 관리를 이어나간다면 분명 외모가 내 삶에 큰 도움으로 작용할 것이다.

02 자학형

습관적으로 나를 비난하면 그렇게 생각하지 않던 주변 사람들조차 나를 그렇게 여길 수 있다. 우리는 누구나 저마다의 개성이 있다. 자신이 가진 외모의 장점에 집중하고 그것을 드러낼 때 더욱 돋보일 수 있다는 사실을 기억하라.

03 경시형

외모는 '나'라는 사람이 누구인지를 세상에 보여주는 태도다. 외모를 가꾸는 일은 나의 가치를 드높이며 자존감과 대인 관계에 큰 영향을 미친다는 사실을 기억하라.

04 외면형

잘 관리된 외모는 타인에게 신뢰감을 주며 궁극적으로는 내 꿈과 목표를 이루게 하는 데 큰 도움이 된다는 사실을 기억하라.

05 의심형

누구나 꾸준히 외모를 관리하면 지금의 모습에서 더 나아질 수 있다. 의심하고 고민하기 전에 먼저 작은 관리 습관부터 실천해 보길 바란다.

06 과욕형

연예인과 같은 외모를 바라면 자신의 모습에 만족하기란 어렵다. 현실적인 목표를 세워야 한다. 나만의 매력을 키워 조금씩 더 멋지게 변하는 내 모습을 기대하라.

'좋은 외모'보단 '기분 좋은 외모'

"좋은 외모란 어떤 외모를 말할까요?"라고 물어보면 대부분은 연예인처럼 예쁘고 잘생긴 얼굴을 떠올린다. 구체적으로 대상을 짚어달라고 하면 누구나 익히 아는 뛰어난 외모의 배우 이름을 줄줄 나열한다. "당신도 그런 모습이 될 수 있을까요?"라고 물어보면 하나같이 고개를 내젓는다.

"그건 말도 안 돼요. 다시 태어난다면 모를까…."

일반적으로 좋은 외모의 기준을 연예인이나 인플루언서에게 두는 경우가 많다. 하지만 저마다 매력적으로 여기는 외모의 기준은 다를 수 있다. 누군가는 김고은처럼 동양적인 얼굴을 매력적으로 생각하고, 누군가는 한소희처럼 서구적인 얼굴을 매력적으로 느낀다. 누군가는 마른 몸매를 선호하고, 누군가는 탄탄한 근육질의 몸을 선호한다. 그러니 개인에 따라 스스로 만족하는 외모의 정도도 차이가 있다.

하지만 누구에게나 호감을 주는, 즉 '기분 좋은 외모'의 기준은 의외로 분명하다. "기분 좋은 외모란 무엇일까요?"라고 물어보면 꽤나 공통된 대답을 내놓는다. 보통 사람들이 어떤 외모에서 호감을 느끼는지 간단히 조사해 보았다.

- 미소를 머금은 밝은 표정
- 허리를 곧게 편 바른 자세
- 맑고 깨끗한 피부
- 건강하고 탄력 있는 몸매
- 단정한 헤어스타일
- 때와 장소에 어울리는 깔끔한 옷차림

만약 내 앞에 이런 사람이 앉아 있다고 생각해 보자. 어떤가? 벌써 기분이 좋아지고 호감이 느껴지지 않는가? 그런데 이 조건을 자세히 들여다보면 우리가 '좋은 외모'를 떠올렸을 때 꼭 필요하다고 생각하는 '타고난 키, 얼굴 크기, 이목구비'가 포함되어 있지 않다.

나는 종종 강의에서 수강생에게 "어떤 사람을 볼 때 기분이 좋아지나요?"라고 질문한다. 그러면 대부분 어김없이 "예쁘고 잘생긴 사람이요"라고 대답한다. 그런데 뒤이어 "매우 잘생긴 남자나 예쁜 여자가 삐딱한 자세로 서서 거만한 표정을 짓고 있다면 어떨까요? 그래도 기분이 좋나요?"라고 물어보면 모두 "아니요, 기분이 나쁠 것 같아요"라며 태도를 달리한다. 이처럼 아무리 예쁘고 잘생긴 사람이라도 '기분이 좋아지는' '호감을 주는' 외모의 조건을 갖추지 못하면 절대로 매력적인 사람이 될 수 없다. 입꼬리가 올라간 밝은 표정, 허리를 바르게 세운 자세, 깨끗하게 정돈된 피부, 상황에 맞고 자신에게 어울리는 패션 스타일링은 큰돈을 들이지 않아도 조금만 신경 쓰면 누구나 가질 수 있다.

얼마 전 외모 콤플렉스가 심하다며 이미지코칭을 신청한 30대 후반의 한 남성을 보고 무척 의아했다. 178센티미터 정도 되는 키에 누구나 부러워할 만한 탄탄한 근육질의 체형이었고 얼굴 또한 꽤 훈남이었기 때문이다. 그런데도 왜 매력적이지 않은지 자세히 살펴보니 푸석하고 거친 피부에 무뚝뚝한 표정, 정리되지 않은 장발의 헤어스타일, 구부정한 자세와 우울해 보이는 분위기가 타고난 매력을 반감시키고 있었다. 그는 분명 우리가 생각하는 '좋은 외모'의 조건들을 가졌음에도 다른 이에게 호감을 주는 '기분 좋은 외모'가 아니었다.

노력해서 나만의 매력을 찾아낸 사람이 아름답다

....

아름다움에 대해서도 마찬가지다. 모두가 아름다워지기를 소망하지만 사실 아름다움의 실체를 제대로 분석해 본 적은 거의 없는 듯하다. 프랑스 수필가 도미니크 로로Dominique Loreau는 저서 『심플하게 산다』에서 아름다운 모습을 유지하려는 노력은 예술 작품을 만드는 일만큼 가치 있는 행위라고 말했다. 나는 '아름다움은 공부와 연습, 그리고 노력으로 얻어지는 것'이라는 그의 생각에 전적으로 동의한다.

"아름다움이란 보는 사람의 생각에 달린 것이다"라는 말이 있다. 즉 사람들은 아름다움에 대해 저마다 다른 기준을 가지고 있다. 아름다움은 굉장히 주관적인 가치여서 이를 판단하는 기준 역시 다양하고 저마다 아름다움을 느끼는 대상도 다르다. 이유는 개인의 경험과 취향 차이 때문이다. 하지만 "아름다운 대상은 보기만 해도 기분이 좋아진다"라는 점은 공통된 의견이다. 아름다움에 대한 사전적 정의는 '감각적인 기쁨을 주는 대상의 특성, 마음을 끌어들이는 조화harmony의 상태'이다. 다시 말해 아름다움이란 사람의 마음을 끌어당기고 기쁨과 즐거움, 만족을 느끼게 하는 것이다.

"아름다움이 느껴지는 사람은 어떤 사람인가요?" 사람들에게 이렇게 물으면 다음과 같은 대답이 돌아온다.

- 긍정적이고 밝은 에너지가 느껴지는 사람
- 자기자신을 사랑하고 당당하게 살아가는 사람
- 도전과 성장을 즐기는 사람
- 모습과 행동이 조화롭고 항상 예의 바른 사람
- 지혜롭게 타인을 배려할 줄 아는 사람
- 드러나지 않아도 묵묵히 선행을 베푸는 사람

아름다운 사람의 조건에 '외모'가 아닌 '내면'에 해당하는 자질을 꼽는 것이다. 우리는 아름답다는 의미를 외모에만 한정하여 생각하지 않는다. 어떤 사람을 보고 아름답다고 말할 때는 단순히 외모만이 아니라 그 사람의 분위기나 표정, 태도, 감동을 주는 행동에 영향을 받는다. 그러기에 한 사람에게서 느껴지는 아름다움은 '매력'과 동의어로 봐도 무방하다. 매력은 '사람을 끌어당기는 힘'이다. 아무리 외모가 뛰어나도 이를 뒷받침하는 태도와 행동이 없으면 전혀 아름답게 느껴지지 않는다. 반대로 외모가 뛰어나지 않아도 기분 좋은 끌림이 있으면 그 사람은 분명 아름답게 느껴지고 매력적으로 보인다.

아름다움을 평가하는 관점은 주관적이라 그날의 마음 상태에 따라서도 달라진다. 이전에는 아름답게 느껴지던 사람이 어떤 부정적인 행동으로 인해 갑자기 추하게 여겨질 수도 있고, 어제까지 아무런 관심도 가지 않던 사람이 오늘 어떤 계기로 아름답고 멋져 보일 수 있다. 그럼에도 아름다운 사람이 되기 위한 조건은 분명하게 존재한다. '육체와 정신이 건강하고, 스스로를 잘 관리하며, 긍정적인 에너지를 내뿜는 사람' 바로 이런 조건이 내가 이미지코칭에서 수강생에게 목표로 제시하는 모습이다. 어느 누구든 이런 사람을 만나면 금세 기분이 좋아지고 아름다움을 느끼지 않을까?

나를 대하는 태도가 스타일에 드러난다

....

스스로가 매력적이라고 느낄 정도의 외양은 분명 자신감을 불어넣고 행복하게 살기 위한 힘을 실어준다. 실제로 이미지코칭을 통해 스타일이 달라진 사람들의 이야기를 들어보면 자존감과 만족감이 꾸준히 상승했음을 알 수 있다.

자신의 외모, 나의 스타일을 가꾸는 것은 결국 자신을 대하는 태도다. 자신에게 주의를 기울인 만큼 자신감이 생기고 긍정적인 에너지를 뿜어낸다. 그 결과 스스로 매력이 있다고 믿거나 다른 사람으로부터 매력적이라는 평가를 받으면서 자기효능감을 얻고 자존감이 높아진다. 말과 행동이 능동적이고 긍정적으로 변한다. 당당한 태도로 강한 매력을 발산하며 더욱 멋진 사람으로 거듭나는 것이다.

타고나지 않는 이상 연예인처럼 생기기란 불가능하다. 하지만 적당히 보기 좋은 수준의 외모와 스타일은 타고난 이목구비나 몸매와 상관없이 적절한 관리와 노력만으로도 누구나 얻을 수 있다. 그러니 팔과 다리가 길어졌으면 하는 바람은 머릿속에서 이제 지우자. 주먹만큼 작은 얼굴은 내가 원하는 인생을 사는 데 그리 중요하지 않다. 모델 같은 큰 키에 완벽한 몸매가 아니어도 좋다. 대신 체형에 맞게 옷을 수선하거나 팔다리가 짧아 보이지 않는 스타일링부터 시도하자. 성형 수술로 얼굴을 바꾸기 전에 우울하고 화난 듯한 표정부터 바꿔라. 단기간에 10킬로그램 이상 체중을 감량하겠다는 비현실적인 목표도 버리자. 그 대신 매일 건강하고 날씬해지는 식습관을 지키려고 노력하자.

목표하는 외모를 보다 현실적이고 효율적으로 잡아야 한다. 당신은 '좋은 외모'로 여겨지는 연예인급 외모를 가지기 위해 애쓸 것인가, 아니면 작은 습관과 노력으로 누구에게나 호감을 주는 '기분 좋은 외모'를 만들 것인가? '기분 좋은 외모'는 자신을 소중하게 여기는 습관에서 비롯된 모습이자 온전히 자신의 선택으로 노력해서 이루어가는 모습이다. 나를 긍정적으로 대하는 태도와 삶 속에서 스스로를 가꾸려는 의지만으로도 충분히 얻을 수 있다.

　그러니 희망을 가지고 인정하자. '호감을 주는 외모'는 다시 태어나지 않아도 누구나 작은 노력과 관심만으로도 얻을 수 있다는 사실을 말이다. 이제 누구보다 뛰어난 외모라는 불가능한 목표를 향해 애쓰지 말고, 기분이 좋아지는 수준의 외모를 목표로 함께 시작해 보자. 작은 시도가 모여 나만의 매력을 끌어낸다면 누구나 아름다운 사람이 될 수 있다.

내가 생각하는 아름다운 사람이란?

표정, 자세, 분위기, 행동을 구체적으로 떠올려 보자.

지금 내 모습은 이대로 괜찮은가

만사가 귀찮은 어느 날, 손에 잡히는 대로 옷을 입고 메이크업도 하지 않은 채 출근했다. 그날따라 회사에서 중요한 회의가 잡혔고 옆자리 동료는 프로페셔널한 분위기의 옷차림에 자세까지 당당했다. 괜히 내 모습이 더욱 초라하게 느껴졌다.

우울한 기분으로 집에 돌아오니 진이 빠져 배가 고팠다. 라면을 끓여 먹으며 밀린 드라마를 보다 보니 어느새 새벽이다. 몇 시간 눈을 붙이고 일어났는데 아뿔싸, 출근 30분 전! 오늘도 고양이 세수를 하고 후다닥 현관을 나섰다. 회사 앞에서 정신을 차리고 보니 오늘 입은 블라우스와 바지의 조합이 전혀 어울리지 않는 걸 깨달았다. 이런 일상이 반복되면서 예전과 달리 외모에 무관심해진 나를 발견한다. 그리고 애써 스스로를 위로한다.

'외모가 중요한 게 아니야. 이렇게 열심히 살고 있잖아?'

어느 순간 거울 속에서 초라해진 자신을 발견할 때 우리는 깊은 한숨을 내쉬며 흘러간 세월을 탓하곤 한다. 과거와 다르게 변해버린 모습을 보며 이렇게 생각한다.

'바쁜데 외모에 신경 쓸 시간이 어디 있어.'

'어쩔 수 없지. 나이 들면 누구나 이 정도 배는 나오잖아?'

'결혼했는데 뭐. 이제 아줌마(아저씨)니까 괜찮아.'

'타고나길 이렇게 생겼는데 어쩌겠어.'

넋두리처럼 늘어놓은 우리의 이야기 속에는 한 가지 공통점이 있다. 마음에 들지 않는 내 모습을 '그저 어쩔 수 없는 일'로 치부해 버린다는 것이다. 종종 외부 강연에서 만나는 사람들은 마치 고해성사를 하듯 이렇게 말했다. "제가 원래 스타일을 신경 쓰거나 꾸미고 다니는 성격이 아니에요." "전 원래 물만 먹어도 살찌는 체질이에요."

평소에 스타일을 신경 쓰지 않거나 자기 모습에 자신감이 없는 사람들은 스스로를 '원래 그런 사람'이라고 규정한다. 하지만 반드시 잊지 말아야 할 사실이 있다. 내 외모의 결점이나 원치 않는 변화를 그저 어쩔 수 없다고만 생각하면 개선하려는 의지가 생기지 않고 절대로 더 좋아질 수 없다는 점이다.

바쁜 일상에 치여 나를 잃어버렸다

....

대기업 홍보팀에 근무하는 워킹맘 J 씨는 6개월간 육아 휴직을 마치고 회사로 돌아왔다. 결혼 전 스타일이 좋다는 이야기를 자주 들었던 그녀는 임신 중에도 왕성하게 활동하며 남다른 자신감을 보였다. 그러나 급격히 늘어난 몸무게는 출산 후의 스타일에 영향을 주었다. 야식 먹던 습관을 버리지 못해 뱃살은 줄어들 기미가 없었고, 탄력 없이 늘어진 팔뚝 때문에 한여름에도 민소매를 입기가 꺼려졌다. 이전에 입었던 옷은 사이즈가 작아 이제는 몸매가 드러나지 않는 헐렁한 스타일의 옷만 입는다. 곧잘 예쁘게 메이크업을 하던 그녀였지만 요즘은 퇴근 후 쓰러져 자느라 클렌징도 하지 못하는 날이 많다. 출근 전에는 정신없이 아이를 맡기고 나오느라 머리도 제대로 말리지 못한다. 어느 날 회사에서 매우 중요한 프레젠테이션을 준비하던 그에게 해당 클라이언트의 미팅 요청이 들어왔다. 팀장에게 미팅 이야기를 꺼내자 "아, 그럼 J 씨는 자료 준비에 신경 쓰고 K 씨를 보내세요. 잘 설명해 주고 준비시키세요. 클라이언트사에서 K 씨에 대한 호감이 높더라고요"라는 자존심 상하는 말만 돌아왔다.

무거운 발걸음을 옮겨 집에 들어가자 소파에 누워 있던 남편은 텔레비전에 시선을 고정한 채 눈길조차 주지 않았다. 힘없이 방으로 들어가 화장대 앞에 앉은 그녀는 자신의 모습을 찬찬히 살펴보았다. 축 처진 어깨와 구부정한 등, 거칠어진 머릿결에 충혈된 눈, 눈 밑으로는 다크서클이 잔뜩 내려와 있었고, 립밤 한번 바르지 못한 입술은 부르터 각질이 올라와 있었다.

'내가 언제 이렇게 됐지?'

침대에서 새근새근 자는 천사 같은 아이의 얼굴을 보며 애써 웃음 지어 보려 해도, 초라해진 자신의 모습에 바닥까지 떨어진 우울한 기분은 나아지지 않았다.

실제로 이미지코칭에서 만난 사람들은 직장에서도 가정에서도 누구보다 열심히 살아가고 있었다. 하지만 정작 자신의 외모는 제대로 관리하지 못해 자존감이 바닥까지 떨어진 상태였다. 물론 평범한 사람들의 힘겨운 일상을 이해하지 못하는 바는 아니다. 하지만 주변 사람들이 이러한 속사정을 알아줄 리 만무하다. 지치고 힘들어 보이는 사람을 만날 때 우리는 과연 얼마나 호의적일 수 있을까?

외모를 전혀 관리하지 못한 사람이 부정적인 평가를 받는 이유는 '스스로를 소중히 여기지 않는다'라는 인상을 주기 때문이다. 자신을 방치하고 가꾸지 않는데도 늘 당당하고 자신감 넘치는 사람은 절대 없다. 나에게 찾아온 부정적인 외모의 변화가 그저 바쁜 삶 때문이라고, 혹은 나이 때문이라고 변명하진 않았는가? 사람들은 만족스럽지 않은 상황에 놓이면 자신의 변명부터 앞세우는데, 이는 외모에서도 마찬가지다.

'내가 많이 먹는 건 스트레스 때문이야.'

'매일 야근하는데 운동할 시간이 어디 있어.'

'관리할 돈도 없는데 뭐.'

원하지 않은 결과에 대해 갖은 이유를 대며 '어쩔 수 없는 일'이라고 생각하진 않았는가? 이제는 진실과 마주해야 한다. 지금까지 당신이 만들어온 모습은 어떤가? 지금 이대로도 괜찮은가? 그 모습은 당신 자신에게도, 어쩌면 당신과 함께 있는 다른 사람에게도 그리 괜찮게 느껴지지 않을지 모른다.

있는 그대로의 나 자신과 마주 보기

··········

"실제로 만나보니 프로필 사진과 영 다르더라고요. 정말 깜짝 놀랐어요."

최근 이런 웃지 못할 이야기를 심심치 않게 듣는다. 열에 아홉은 실물보다 더 잘 나오기로 명성이 높은 '뷰티 카메라 앱'으로 셀카를 찍기 때문이다. 모공과 잡티를 없애주는 건 물론이고 마치 성형한 것처럼 얼굴을 갸름하게 만드는 일도 가능하다. 심지어 눈 크기를 키우고 블러(blur) 효과를 주어 인형처럼 보이게 할 수도 있다. 그러니 민낯에 일반 카메라 모드로 찍은 사진과는 엄청난 차이가 날 수밖에 없다. 보정된 사진에서는 나름 괜찮았던 내 모습이 일반 카메라 모드로 찍으면 바로 삭제하고 싶은 충동이 들 만큼 낯선 것도 바로 그 때문이다.

수강생을 모아놓고 공개 강의를 진행할 때 반드시 하는 활동이 있다. 바로 '정면으로 셀카 찍기'이다. 단 아무런 보정 효과가 없는 일반 카메라 모드로 거울을 보듯 정직하게 찍는다. 그런데 대부분 이 순간을 무척 괴로워한다. 지금까지 일반 카메라 모드로 찍은 자신의 사진에 만족한 사람은 거의 없었다. 사실 그 모습이 다른 사람의 눈에 비치는 나인데도 인정하지 못한다. 아마도 그동안 뷰티 카메라 앱으로 찍은 사진이 진짜 내 모습이라 착각했기 때문이 아닐까? 우리는 자신의 모습을 있는 그대로 바라볼 필요가 있다. 스타일링에 관한 문제 중 상당수가 현재 자신의 모습을 외면하는 순간 발생하기 때문이다.

얼마 전 강의에서 만난 한 남성은 자신의 셀카를 보고 충격을 받았다며 한동안 말을 잇지 못했다. 한참을 멍하게 있다가 내게 이런 말을 했다. "선생님, 이제야 제 모습이 이렇다는 것을 왜 지금에서야 알았을까요. 한동안 외모에 별다른 신경을 쓰지 않고 지내왔지만 제 모습이 그리 나쁘지 않다고 생각했거든요. 그동안 저 자신을 제대로 보지 못했던 게 후회되네요."

내게 코칭을 받으러 온 사람들 또한 자기 모습을 보기 싫다며 셀카 찍기 자체를 무척 힘겨워했다. 하루 한 장씩 셀카를 찍어 매일의 모습을 남겨야 하는데 일주일 동안 단 한 장도 찍어 오지 못하는 사람도 있었다. 이들은 정직한 셀카를 찍으면서부터 스타일 관리의 필요성을 절실히 느꼈다고 고백해 왔다.

자신의 진짜 모습을 그대로 마주하는 일은 쉽지 않다. 특히 내 상태가 좋지 않다고 느낄 때는 나를 바라보는 일 자체가 괴로워 피하고 싶다. 하지만 이제는 정직한 셀카에서 눈을 돌리지 않고 오히려 내 모습을 세심하게 들여다볼 때다. 모든 변화는 자기 직면에서 시작된다. 스타일 관리의 첫걸음은 정확한 자기 인식에서 출발한다고 해도 과언이 아니다.

이제 내 모습에 스스로 책임감을 갖고 적극적으로 관심을 기울여보자. 성공적으로 스타일을 바꾸고 싶다면 먼저 자기 자신의 애정 어린 관찰자가 되어야 한다. 변화를 원한다면 이제부터 매 순간 나의 행동을 주의 깊게 지켜보자. 현재의 모습을 자각하고, 더 멋지고 아름다워지겠다고 결심하면 순간순간의 작은 행동이 달라지면서 분명 자신만의 매력을 찾을 수 있을 것이다.

현재 나의 외모 상태는 어떠한가?

셀카를 찍어보자. 지금 내 외모 상태는 어떠한가?

어떤 점이 부정적으로 느껴지는가?

표정: 눈은 생기 있고 또렷한가? 입꼬리가 내려가 있지는 않은가?

피부: 전반적인 피부 상태는 어떠한가?

(윤기 있어 보이는가? 거칠고 칙칙한가? 잡티가 눈에 띄는가?)

헤어스타일: 헤어스타일의 특징과 느낌은 어떠한가?

(염색한 지 오래되어 보이지 않는가? 머릿결은 푸석하지 않은가?)

달라지고 싶다면
나만의 이유부터 찾아라

나는 이미지코칭을 받는 사람들에게 늘 이렇게 질문한다.
"정말 지금의 모습에서 달라지기를 원하나요?"

스타일을 바꾸기 위해 찾아온 사람에게 너무 당연한 질문이 아닌가 하고 생각할지도 모르겠다. 하지만 의외로 변화를 원하면서도 지속적으로 노력하지 않고 결국에는 변하지 못하는 사람이 정말로 많다. 대체 왜 그런 걸까?

세련된 커리어 우먼으로 보이고 싶다는 30대 초반의 K 씨는 스타일에 변화를 줘야겠다며 나를 찾아왔다. 그러나 정작 함께 쇼핑해 보니 운동화에 어울리는 청바지와 티셔츠만 열심히 골랐다. 이유를 묻자 퇴근 후나 주말에 동네에서 친구들과 만나는 시간이 많아 캐주얼한 스타일이 편하다고 대답했다. 이야기를 조금 더 나눠보니 커리어 우먼으로 보이고는 싶기는 하지만 당장은 스타일 변화의 필요성을 느끼지 못한다고 했다. 그에게는 현재의 모습에서 특별히 변해야 할 이유와 목적이 없었던 것이다. 매일 편한 옷만 골라 입다가 하루아침에 세련된 스타일로 바꾸기란 불가능해 보였다.

6개월 동안 몸무게가 15킬로그램이나 늘었다는 취업 준비생 K 씨는 번번이 면접에서 떨어진다며 극단적인 다이어트라도 해야겠다고 결심했다. 하지만 책상에는 여전히 배달 음식의 잔해가 널브러져 있었다. 살을 빼고 싶다면서 왜 그렇게 야식을 많이 먹냐고 묻자 한숨을 쉬며 이렇게 말했다. "취업 준비로 받는 스트레스를 먹는 걸로 풀게 되더라고요. 먹는 거 외에는 특별한 낙을 못 찾겠어요. 사실 면접만 아니면 살을 빼고 싶은 생각이 별로 없긴 해요. 그냥 먹고 싶은 대로 먹고 살면 안 되는 걸까요?" 그에게도 변화를 위해 노력해야 할 분명한 이유와 목표가 없었다.

많은 사람이 살을 빼야 한다고 말하면서도 다이어트를 제대로 실천하지 못하는 게 현실이다. 수많은 다이어트 비법을 알고 있어도 성공하지 못하는 건 다이어트를 해야 할 분명한 이유와 목적이 없기 때문은 아닐까?

건강 관리도 비슷하다. 어떻게 하면 건강을 지킬 수 있는지 잘 알면서도 자신의 건강을 위해 매 순간 노력하는 사람은 많지 않다. 건강 관리를 열심히 하는 사람과 그렇지 못하는 사람의 차이는 무엇일까? 인생에서 건강이 정말로 중요하다고 생각하는 사람은 '건강을 한번 잃어본 후 그 중요성을 절실히 깨달은 사람'이다. 건강을 잃었을 때의 불이익을 스스로 잘 인지하고 있기에 누가 시키지 않아도 건강 관리를 위해 노력한다. 즉, 건강을 챙겨야 할 이유와 목적이 뚜렷한 결과다.

나도 만약 마음껏 먹어도 살찌지 않는 체질과 별다른 관리 없이도 깨끗하게 유지되는 피부를 가졌다면, 또 누구에게나 호감을 주는 인상이었다면 외모 관리에 그토록 열심이지는 않았을 것이다. 하지만 나는 살이 잘 찌는 체질과 심하게 건조한 피부 때문에 고민이 많았고 다가가기 어려운 차가운 인상으로 사람들에게 뜻하지 않은 오해를 많이 샀다. 나에게는 외모를 신경 써야 할 분명한 이유가 있었기에 단점을 개선할 수 있었다. 지금도 다소 차가워 보이는 인상으로 종종 오해를 사곤 하지만 그래도 이전과 비교하면 훨씬 더 많은 사람이 나를 긍정적으로 봐준다. 나이가 들수록 더 매력적인 모습으로 보이고 싶으며 만나는 사람에게 호감을 주고 싶다는 바람은 나 자신을 지속적으로 관리하게 만드는 큰 원동력이다.

만일 데이트나 직장 생활 등 남의 시선 때문에 불편하고 귀찮음에도 억지로 스타일 관리를 했던 사람이라면 그 목적이 조금만 힘을 잃어도 나 자신을 가꾸는 일에 금방 소홀해진다. 관리에 신경 쓰지 않고 편안하게 있고 싶은 현재의 욕구에 따라 행동하기 때문이다. 결혼 후 혹은 직장을 그만두면서부터 외모에 급격한 변화가 찾아오는 것도 그 때문이다. 특히 인간관계나 대외 활동에 피곤을 느끼는 사람일수록 스타일 관리를 등한시하기 쉽다.

본래 사람은 잘 변하지 않는다. 지금껏 수없이 변화를 결심했지만 좀처럼 변하지 못했다면 다른 방법을 찾을 게 아니라자기 자신의 마음부터 돌아보자. 변화의 법칙은 분명하다. 스스로 변하겠다고 결심하고, 이전에 하지 않던 행동을 꾸준히 지속하는 것이다.

이제부터 스타일 관리를 '더욱 멋지고 아름다운 나를 만나기 위한 즐거운 여정'이라 생각해 보자. 내 모습에 대한 타인의 평가보다 스스로의 만족감이 훨씬 더 중요하다. 누군가에게 잘 보이기 위해서가 아니라 내 마음에 드는 내가 되기 위해 노력해 보자. 어떤 모습으로 살아가고 싶은가? 그 이유는 무엇인가? 달라지고 싶은 이유가 뚜렷한 사람은 절대로 지치거나 흔들리지 않는다.

스타일
체크포인트

외모를 변화시키고 싶은 가장 큰 이유는 무엇인가?

_____

_____

_____

_____

_____

원하는 수준으로 내 모습이 달라진다면 무엇을 얻을 수 있는
가? 변화 후 내 삶은 어떻게 달라질까?

_____

_____

_____

_____

_____

나를 삼인칭으로 바라볼 때
변화가 시작된다

스타일 변화를 위한 나만의 이유를 찾아 확실하게 마음을 정했다면 이제 자신을 삼인칭으로 바라보면서 변화의 첫걸음을 뗄 차례다. 다른 사람의 의견에 휘둘리지 않고 스스로를 객관적으로 바라볼 때 내게 맞는 방향으로 나아갈 수 있다. 스타일을 바꾸려고 할 때 보통은 자신이 잘 보이고 싶은 사람의 말에 가장 큰 영향을 받는다. 이를테면 남자친구나 배우자가 "여자는 머리가 길어야 예쁘지" "화장을 안 한 얼굴이 더 예뻐" "살이 쪄도 계속 사랑할게"라는 말로 스타일을 좌지우지하거나 어렵게 결심한 다이어트 의지를 무너뜨리는 경우가 있다. 남성에게는 "누구에게 잘 보이려고?"라는 말이 꼬리표처럼 따라다닌다. 하지만 정말로 그 말을 따르는 게 지금 상황에서 내게 도움이 되는지 이성적으로 생각해 볼 필요가 있다.

헤어스타일과 옷차림 모두 남자친구가 좋아하는 '가녀리고 순수한 이미지'로 맞추었던 한 여성은 그와 헤어진 뒤에도 자신에게 정말로 어울리는 스타일을 찾지 못해 힘들다고 고백했다. 직급이 높아져 카리스마 있고 전문성이 느껴지는 이미지를 갖고 싶다는 워킹맘도 남편이 긴 머리를 좋아해 스타일을 바꾸기 어렵다며 아쉬움을 토로했다.

어릴 때부터 줄곧 부모님이 시키는 대로 해서 자신의 스타일을 제대로 고민하지 못했던 사람도 많다. 당연하게 엄마가 골라준 옷을 입고 아빠가 싫어하는 취향의 옷을 입지 못한 사람들은 성인이 되어서도 부모의 그늘을 벗어나지 못한다. 자신의 직업에 어울리는 스타일링에 대해 컨설팅을 받으러 왔던 한 여성은 엄마가 선호하는 스타일 때문에 A라인 원피스와 프릴이 달린 옷만 살 수밖에 없었다고 이야기했다. 골격이 큰 체형이라 반드시 피해야 할 스타일이었는데도 말이다.

화장품 회사에 다니는 30대 초반의 K 씨는 여드름 자국이 그대로 보이는 민낯에 앞머리는 뱅 스타일, 밝은 컬러의 긴 웨이브 머리, 편안한 캐주얼 차림으로 나를 찾아왔다. 얼핏 보면 대학생이 아닌가 싶을 만큼 어려 보이는 외모의 소유자였다. 하지만 K 씨는 회사에서 주로 나이 많은 고객을 상대하고 있다며 좀 더 지적이고 신뢰감을 주는 이미지로 변하고 싶다고 말했다. 나는 깔끔한 인상을 주는 오피스 메이크업을 가르쳐줬다. 앞머리를 조금 길러 이마를 살짝 드러내고 피부색에 어울리는 차분한 컬러로 염색할 것을 권유했다.

며칠 후 미용실에 다녀왔다는 K 씨의 헤어스타일은 이전과 크게 달라지지 않았다. 그나마 메이크업은 조금 하고 나왔는데 나이 들어 보이는 것 같다며 한숨지었다. 알고 보니 연하인 남자친구가 "자기는 꾸민 모습이 나이 들어 보여"라는 말을 했다고 한다. 프로페셔널한 이미지를 원하면서도 한편으로는 어려 보이고 싶은 마음이 커 어떻게 변화해야 할지 갈피를 잡지 못했다. 나는 자신이 정말 원하는 모습이 무엇인지, 어떤 모습이 자신에게 도움이 되는지에 대해 진지하게 생각해 보라고 조언했다.

때로는 직장 동료나 절친한 동성 친구의 칭찬과 조언조차 경계해야 한다. 대개 사람은 주변 환경에 따라 행동하고 그에 맞게 변화한다. 내 눈에 상대방의 모습이 익숙해지면 좋고 나쁨을 판단하기가 어려워진다. 실제로 이미지코칭 클래스에 참가한 한 여성은 메이크업을 거의 하지 않고 머리는 하나로 질끈 묶은 채 운동화에 헐렁한 옷을 입고 다녔다. 평소 이런 자신의 모습이 IT업계에서 일하는 동료들 사이에서는 무척 일반적이라며 갑자기 정돈된 스타일을 보여주는 것이 부담스럽다고 말했다.

이처럼 스타일은 주변 사람들, 친구나 배우자, 가족 그리고 직장 동료가 건네는 말에 영향을 많이 받는다. 그들은 종종 내 스타일링에 "이건 아닌 것 같아" "이게 더 예쁜데?"라는 말로 훈수를 두고 다 너를 위한 조언이라고 이야기한다. 하지만 그 조언이 내게 실질적으로 도움이 되지 않는 경우가 많다. 물론 나를 위하는 지인의 순수한 마음을 무작정 매도하거나 의심하라는 뜻은 아니다. 다만 그 조언이 약이 되는지 독이 되는지 스스로 가려서 들어야 한다.

남의 말에 휘둘리지 않는 나만의 주관 갖기
....

사실 우리나라 정서상 사회생활을 하며 누군가의 외적인 모습에 대해 솔직한 조언을 하기란 참으로 힘들고 위험하다. 서로의 외모에 대해 부정적인 이야기를 꺼내면 실례이기 때문이다. 전혀 관리되지 않은 외모에도 '인상이 좋다' '편안해 보인다'는 식으로 넘어가야 원만한 관계를 유지한다. 특히 이러한 현상은 SNS에서 더욱 심하다. 직접 대면하지 않는 가상의

공간에서 누군가의 사진이 올라오면 경쟁적으로 멋있다, 예쁘다는 칭찬을 하기에 바쁘다. 그런데 정말 그 말을 곧이곧대로 믿어도 될지는 생각해 볼 필요가 있다.

종종 어떤 옷을 입거나 안경을 쓰고서 어울리는지 봐달라는 사람을 인터넷에서 본다. 그 사람의 얼굴이나 체형과는 어울리지 않거나 상황에 맞지 않는 옷차림일 때도 그저 잘 어울린다, 멋있다는 이야기로 도배되는 댓글이 대다수다. 가끔 의류 매장에서 친구들끼리 어울려 쇼핑하는 모습을 보면 안타까울 때가 많다. 입은 옷이 당사자의 체형과 전혀 어울리지 않는데도 "너한테 딱 어울린다" "너무 예쁘다. 당장 사라"라고 말하는 반응을 보면 정말이지 가서 뜯어말리고 싶은 심정이다.

스타일을 정하는 데 자꾸 다른 사람의 의견을 묻게 되는 이유는 우리가 언제나 타인의 호감과 나의 개성 사이에서 갈등하기 때문이다. 사람들의 눈을 의식해 자기 모습이 이상하게 비칠지 걱정하면서도 '누가 뭐라 해도 상관없어'라며 내가 하고 싶은 대로 하고 다니기도 한다. 바로 사회적인 나와 본연의 나 사이에서 벌어지는 표현의 갈등이다. 언제나 중요한 것은 나 스스로 어떤 모습이 되고 싶은가, 그리고 나의 정체성을 어떻게 표현하고 싶은가다. 우리가 진정으로 원하는 것은 스스로에게도 그리고 타인에게도 매력적으로 보이는 것임을 기억하자.

사람은 혼자 사는 존재가 아니기에 나와 가까운 사람들의 시선은 중요하다. 하지만 스스로가 어떤 모습으로 살아가고 싶은지가 훨씬 더 중요하다. 내 커리어를 돋보이게 할 스타일의 전략은 무엇인지 깊게 고민하고 자기만의 흔들리지 않는 주관을 먼저 정립하자. 그러고 나서 당신을 아끼는 사람들의 솔직한 이야기에 귀 기울여 보자. 때로는 나를 보다 객관적으로 봐줄 전문가를 찾아 조언을 듣고 가장 매력적으로 보이는 모습이 무엇인지 상담을 받아보는 것도 좋다. 제삼자의 눈으로 나를 바라보는 일은 나를 변화시키는 마법과도 같다. 이제 객관적인 눈으로 나의 스타일이 호감을 주는 기본적 요소를 갖추고 있는지부터 체크해 보자.

스타일
체크포인트

그동안 내가 선호했던 스타일을 돌이켜 보자. 좋아한 이유는 무엇인가?

이 스타일을 추천해 준 사람이 있었는가? 누가 어떤 이유로 추천해 줬는가?

나와 정말로 어울리는 스타일인가? 내 체형과 직업에 더 어울리는 다른 스타일이 있는지 생각해 보자.

스타일은 곧 생각의 발현이다

이미지코칭을 할 때 제일 먼저 마인드 트레이닝을 한다. 나에 관한 생각을 바꾸는 것에서부터 이미지 변화가 이루어지기 때문이다. 지금 당장 내가 생각하는 나의 이미지를 한 문장으로 표현하게 한다. 단 '긍정적이고 싶은' '세련되게 보이고 싶은'처럼 막연한 바람이나 '부정적이지 않은' '촌스럽지 않은'과 같이 부정적 평가가 아닌 현재 나에 대한 느낌을 그대로 반영해 '~한' '~인' 사람으로 표현해야 한다. '열정적이고 트렌디한'처럼 성격과 스타일에 대한 느낌을 함께 적으면 좋다.

나는 스스로를 어떻게 생각하고 있는가?

"나는 _____ 한(인) 사람이라고 생각한다."

그러고는 내가 적은 단어를 생각하며 거울을 보자. 나의 이미지가 그 단어와 부합하는가? 놀랍게도 나에 관한 생각은 외적인 모습에까지 영향을 미친다. 즉, 스타일은 마음 상태의 발현 그 자체다. 자신을 긍정적으로 생각하는 사람은 겉모습도 밝고 건강하다. 실제로 강의하며 위 질문에 대한 사람들의 답을 들여다보면 대부분 자신의 실제 이미지와 매우 유사하게 적었다.

이런저런 노력을 해봤지만 여전히 외모에 자신이 없다는 여성을 만난 적이 있다. 스스로 자신을 어떻게 생각하느냐고 묻자 "소극적이고 눈에 띄지 않는 사람"이라고 대답했다. 자신감이 좀처럼 생기지 않았던 이유는 바로 거기에 있었다. '나는 소극적이고 눈에 띄지 않는 사람'이라는 생각이 자신의 스타일에도 영향을 미친 것이다. 그러니 사람을 만나는 데에도 자신감이 붙지 않았다.

이 여성을 위한 첫 번째 이미지 솔루션은 '자신에 관한 생각을 전환하는 것'이었다. 자신의 장점이 무엇인지 묻자 "모든 면에서 더 나아지려고 노력하는 태도"라고 말했다. 이어 앞으로 어떤 모습으로 살아가고 싶으냐고 물으니 "차분하고 우아한 이미지가 느껴지는 사람이 되고 싶다"라고 했다. 나는 이 여성에게 매일 자신이 원하는 모습과 이미지를 아주 구체적으로 떠올리며 표정과 자세에 신경 쓰고 옷차림도 그에 맞춰 조금씩 변화를 주라고 조언했다.

코칭이 끝나고 한 달 후, 한층 매력적으로 변한 그에게 다시 "자신을 어떤 사람이라고 생각하나요?"라고 질문했다. 그러자 "저만의 매력을 지닌 우아하고 아름다운 사람이요"라는 기분 좋은 대답이 돌아왔다. 그는 매일 원하는 모습을 떠올리는 일 자체가 저를 변화시키는 최고의 원동력이 되었다고 말했다.

나는 자기 자신에 대한 생각이 바로 자신의 스타일에도 나타난다는 것을 지난 십수 년간 수천 명의 이미지코칭을 하면서 알게 되었다. 물론 스스로에 관한 생각을 바꾸기는 그리 쉽지 않다. 하지만 생각을 바꾸지 않으면 행동도 바뀌지 않는다. 이제는 내면이 외면에도 드러난다는 사실을 인지하고 스타일을 가꾸기 전에 생각의 변화를 먼저 꾀하길 권한다. 자신이 바라는 모습으로 매 순간 변할 수 있다는 기대와 믿음을 가지고 말이다.

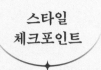

그동안 나 자신을 어떤 성격과 외모를 지닌 사람으로 생각하고 있었는가? 한 문장으로 정의해 보자.

내가 진정으로 원하는 이미지는 무엇인가? 사람들에게 어떤 느낌을 주고 싶은지 구체적으로 묘사해 보자.

(ex. 여유롭고 밝은 표정, 당당한 자세, 자신감 있고 고급스러운 이미지, 핏이 잘 맞는 세미 정장 스타일 등)

"나는 ＿＿＿＿＿＿＿＿＿＿＿＿한(인) 사람으로 보이고 싶다."

어떤 사람으로 살고 싶은가?

(ex. 마음속 바람을 자유롭게 행동으로 옮기며 사람들에게 긍정적인 기운을 불어넣어 주는 사람)

어떤 사람으로 나를 표현하며 살 것인가?

(ex. 활기차고 에너지 넘치며, 감각적이고 지적인 사람으로 나를 표현

하고 싶다.)

_____

_____

_____

_____

지금의 내 모습은 내가 바라는 모습과 어떤 차이가 있는가?

_____

_____

_____

_____

나를 긍정하는 마음이 먼저다

"당신은 아름답나요? 그리고 행복한가요?"

이 질문에 자신 있게 "네"라고 대답할 수 있는 사람이 몇이나 될까? 사실 스스로를 아름답고 행복한 사람이라 느끼며 살아가기란 쉽지 않다. 삶에 먹구름이 끼면 마음은 물론이고 겉으로 드러나는 모습에도 어두운 그림자가 드리우기 마련이다. 흔히들 "아름다워져야 행복해진다"라거나 "행복해야 아름다워진다"라고 말하지만, 아름다움과 행복의 관계를 오랜 시간 연구해 온 나는 "아름다움과 행복은 서로를 이끌어주는 동반자적 관계다"라고 말하고 싶다.

메이크업으로 전 세계 여성에게 아름다움을 전하는 바비

브라운Bobbi Brown 여사는 저서 『아름다움의 진화Beauty Evolution』
에서 "아름다움을 위한 최고의 화장품은 행복이다"라고 말했
다. 내면의 행복이 진정한 아름다움을 위한 필수 조건임을 온
세상에 알리며 강조한 것이다. 나도 이미지코칭을 할 때마다
항상 이 이야기를 제일 먼저 꺼낸다.

"외모를 바꾸기 이전에 먼저 자신의 마인드를 교정하고 재
정비해야 합니다."

나는 스스로를 돌보고 가꾸는 외모 관리가 고도의 정신
적 활동이라고 확신한다. 내가 현재 운영하는 회사 이름을 '소
울뷰티디자인'으로 지은 이유도 모든 아름다움은 내면으로부
터 시작된다는 철학을 보여주기 위해서다. 만약 지금 내 모습
이 아름답게 느껴지지 않는다면 무작정 외모에 돈과 시간을 쏟
기에 앞서 내면의 건강 상태부터 살피자. 아름다워지고 싶다면
먼저 정신부터 아름답게 만들어야 한다.

마음에 품은 생각은 전반적인 자기 관리에 영향을 미친다.
표정과 자세, 식습관과 운동, 패션 스타일 등 나를 이루는 모든
것을 마음이 결정하며, 결국 외적인 모습의 변화까지 불러일으
킨다. 어두운 마음으로는 긍정적인 생각을 떠올릴 수 없고 스
스로 자신의 매력을 발견하기도 어렵다. 마음이 변하면 자연스
럽게 외모에도 변화가 찾아온다. 마음속에 우울감과 자괴감이
가득 차 있으면 표정이나 행동에 다 드러나게 마련이다. 매력

적이고 아름다운 사람이 되고 싶다면 먼저 마음부터 다잡아야 하는 이유가 바로 여기에 있다.

우리는 알게 모르게 매일 스스로에게 최면을 걸며 살아간다. 그동안 자신에게 어떤 최면을 걸어왔는가? '난 너무 뚱뚱해' '피부가 왜 이 모양이야' '머리가 아주 엉망이네' 같은 온갖 부정적인 말은 내 마음과 외모에 악영향을 미친다. 쓸데없이 자신을 비하하거나 헐뜯는 최면은 그만두자. 종일 잔소리를 듣는다고 해서 공부를 열심히 하는 건 아니듯이, 자신을 향한 부정적인 말은 나를 사랑하고 가꾸는 데에 아무런 도움이 되지 않는다. 이제부터는 스스로를 아름답고 기분 좋아지게 하는 말을 마음속으로 되뇌어보자.

매일 나를 더 아름답게 만드는 셀프 토크
- 나는 나에게 가장 소중한 사람이다.
- 나는 나를 아끼고 사랑한다.
- 나는 매일 조금씩 더 나아지고 있다.
- 나는 나만의 매력을 가진 아름다운 사람이다.

마음속에서 이루어지는 긍정의 셀프 토크는 상상 이상으로 큰 힘을 발휘한다. 변화는 오늘보다 내일 더 아름다워질 수 있다고 믿는 나에 대한 기대와 희망으로부터 시작된다.

이 외에도 일상에서 쉽게 실천할 수 있는 마음 정화 활동이
여러 가지 있다. 하나씩 살펴보고 지금 바로 할 수 있는 활동을
내 일상에서도 따라 해보자.

거울 테라피

....

거울을 볼 때마다 내 모습을 다정하게 들여다보고 미소를
지어보자. 거울에 비친 나를 얼마나 사랑하고 있는지 말해주는
것도 중요하다. "오늘 눈동자가 더 빛나는걸!" "목선이 아름다
워!" "코가 참 귀엽고 예쁘네!" 이런 식으로 말이다.

평소에 거울을 자주 보아도 이렇게 생각하는 사람은 드물
다. 특히 많은 여성이 거울을 볼 때 단점을 찾아내기에 급급한
데, 반대로 있는 그대로의 모습을 칭찬해 보자. 긍정적인 시선
으로 바라보게 되면서 지금껏 발견하지 못한 나만의 장점을 찾
을 수 있다. 자연스럽게 자신감이 생기고 자신의 장점을 드러
내는 스타일링을 하는 데도 도움이 된다.

실제로 거울 테라피를 하면서 외모 콤플렉스에서 벗어난
수강생이 많았다. 내 모습을 바라보며 다정하게 사랑의 메시지
를 속삭여보자. 누군가에게 사랑받으면 저절로 아름다워지듯
스스로에게 사랑받는 나 역시 더욱 아름다워질 테니 말이다.

독서 테라피

....

좋은 책은 우리의 내면을 매력적이고 성숙하게 만든다. 고대 이집트 제국의 수도인 테베의 도서관 입구에는 "영혼의 치유소"라는 글이 새겨져 있다. 독서 치료라 불리는 이른바 비블리오 테라피는 책을 읽으면서 자신의 내면을 마주하고 타인의 생각을 이해할 수 있다는 의미다.

나는 다른 사람의 행동이 이해되지 않을 때나 우울하고 힘들 때 책에서 깊은 위로를 받았다. 독서는 세파에 찌든 마음을 정화하는 최고의 수단이자 가장 효과적인 치료제다. 매력적인 사람으로 살아가기 위해서는 외적인 아름다움뿐만 아니라 지성이나 배려, 포용과 같은 내적인 매력도 꼭 필요하다.

나이가 들어도 아름다움을 유지한다는 프랑스 여자들은 상당한 독서량을 자랑하기로도 유명하다. 독서로 지성을 채우고 철학이나 정치에도 깊은 조예를 보이며 활발하게 사회 활동을 펼친다. 어릴 적부터 열심히 책을 읽고 사람들과 토론하며 관심 분야를 넓혀가니 나이를 불문하고 매력적으로 보이는 것은 당연하다.

나는 10년 동안 독서 토론 모임을 운영하며 한 달에 한 번씩 사람들과 내밀하게 소통하는 시간을 보내고 있다. 요즘처럼 책을 잘 읽지 않는 시대에 참으로 귀한 모임이 아닐 수 없다.

서로의 내적 성장을 응원하며 다 함께 점점 더 매력적인 사람이 되어간다고 믿는다.

젊음 테라피
··········

많은 사람이 무의식적으로 아름다움을 젊음과 동일시해서 생각한다. 지금 자신의 나이를 어떻게 느끼고 있는가? 스스로 젊다고 생각하는가 아니면 꽤 나이가 들었다고 생각하는가? 그렇다면 스스로 생각하는 '젊은 나이'란 대체 몇 살까지이며 '많다고 느끼는 나이'는 몇 살부터인가?

특정한 나이를 젊다고 규정해 버리면 실제로 그 나이가 지나는 순간부터 늙기 시작한다. 만약 30대까지를 젊은 나이라 생각한다면 40대가 되는 순간 늙었다는 인식에 사로잡힐 것이다. 나이에 대한 선입견은 더 이상 어떤 시도도 하지 못하게 만드는 족쇄로 작용한다. 충분히 젊은 나이인데도 '나는 나이가 들었어'라고 생각하면 현재 주어진 상황을 발전하는 쪽으로 이끌어가기가 어렵다. 새로운 분야의 공부를 하고 더 나은 직장으로 옮기거나 마음에 드는 옷을 입고 새로운 사람을 만나는 일 모두 '나이'라는 족쇄에 걸리면 시도하기가 꺼려진다.

나이에 구애받지 않으려면 먼저 나부터 타인을 나이로 판단하는 습관 버리자. 누군가를 젊다거나 늙었다고 판단하다 보면 그 기준을 나 자신에게도 적용해 버린다. 누군가를 만나 나이부터 묻기보다는 관심사가 무엇인지, 어떤 일에 관심과 기쁨을 느끼는지를 물어보면 편견 없이 관계를 이어갈 수 있다.

지금 자기 나이가 많다고 생각하는가? 나이가 들었다고 맥없이 기회를 포기하진 않았는가? 분명한 건 이렇게 생각하는 지금 이 순간이 내 인생에서 가장 젊은 날이라는 사실이다. 그러니 가장 젊은 내 모습을 아낌없이 사랑하라. 3개월 후, 6개월 후, 1년 후 더욱 아름다워질 내 모습을 상상하고 변화를 위한 활동을 계획하자. 지금부터 조금씩 스타일이 좋아지는 활동을 시작하면 분명 인생 시계가 거꾸로 돌아가는 경험도 할 수 있을 것이다.

이제 주민등록상의 나이는 잊어버리자. 대신 정신과 신체 나이를 관리하자. 삶에 대한 열정과 호기심으로 충만한 사람들은 나이와 상관없이 눈빛부터 젊게 빛나고 아름답다.

감사 테라피

....

누구에게나 하루를 정리하고 자신의 마음과 마주하는 시간이 필요하다. 바쁘고 피곤하다는 이유로 매일 밤 쓰러져 자는 사람들은 아침에도 상쾌하지 못하고 괴로운 일상을 보낼 수밖에 없다. 잠들기 전 5분만이라도 하루를 돌아보는 시간을 보내보자. 감사 일기를 쓰며 오늘 있었던 일과 기분 좋은 만남을 떠올려도 좋다. 내 행동에서 어떤 점을 개선할지 생각해도 좋다. 매일 나를 돌아보는 시간으로 내면과 삶을 정화할 수 있다.

외모 콤플렉스로 나를 찾아온 사람들은 모두 자신과 주변 상황에 불만이 가득했다. 나만의 장점과 나를 둘러싼 소중한 것들의 의미를 모르면 부족한 점에만 집중해 불만이 쌓일 수밖에 없다. 매일 감사 일기를 쓰거나 새롭게 깨달은 것을 기록하게 하자 이들의 삶이 달라졌다. 하루하루 긍정 에너지를 얻는 것은 물론 부정적인 감정이 점차 사라지면서 내면의 상처를 치유할 수 있게 됐다.

셀프 힐링 테라피

....

살다 보면 누구에게나 원치 않는 상황이 닥치기 마련이다. 오랜 시간 준비한 프로젝트가 무산되기도 하고 인간관계에서 각종 오해와 루머에 휩싸일 수도 있다. 불편한 사람들에게 둘러싸여 일주일을 보내야 할 때도 있다.

이럴 때 내 기분을 전환하는 방법이 무엇인지 모르면 축적

되는 스트레스에 시달리며 우울함을 직격으로 맞게 된다. 나를 가장 기분 좋게 만드는 사람은 그 누구도 아닌 '나 자신'이어야 한다. 누군가의 도움 없이도 스스로 일상에서 기분이 좋아지는 일이 무엇인지를 구체적으로 생각하고 시도해 보면서 나만의 셀프 힐링 테라피 목록을 최소 열 가지 이상 만들어보자. 긍정적인 기분을 유지하면 스스로를 더 매력적으로 여길 수 있다.

결국 스타일을 관리하는 일은 나만을 위한 시간을 내고, 건강을 지키며, 커리어를 관리하고, 인간관계를 긍정적으로 가꾸는 자기계발의 일환이다. 그러니 이 모든 것을 컨트롤하는 '마음'이 건강하지 않으면 겉모습 또한 원치 않는 방향으로 흘러가기 십상이다. 내면의 건강을 위해 먼저 자신의 마음을 들여다보고 지금 나에게 무엇이 필요한지 알아보는 혼자만의 시간이 필요하다. 다정함은 체력에서 나온다는 말이 있듯이, 내적 에너지가 충만할 때 스타일도 삶도 내가 원하는 방향으로 가꾸어나갈 수 있을 테니까.

우리는 자신에게 충분한 만족감을 느끼고 상대방에게 호감을 주며 행복하고 당당하게 살기를 꿈꾼다. 행복한 삶을 위한 필수 조건은 나를 존중하고 긍정하는 다정한 마음이다. 나 자신을 가꾸면서 스스로를 매력적이라 여기게 되고 이는 자존감도 드높여 줄 것이다.

스타일
체크포인트

✦

나를 기분 좋게 만드는 활동은 무엇인가? 평소 좋아하는 활동
이나 앞으로 해보고 싶은 활동에 체크해 보자.

☐ 좋아하는 음악 듣기

☐ 전시회에서 그림 감상하기

☐ 감사 일기, 성장 일기 쓰기

☐ 꽃시장 둘러보기

☐ 좋아하는 소품샵에서 쇼핑하기

☐ 서점 구경하기

☐ 예쁜 길에서 산책하기

☐ 분위기 있는 카페에서 커피나 차 마시기

☐ 새로운 디저트 가게에 놀러가기

☐ 맑은 날에 가볍게 조깅하기

☐ 따뜻한 물에 반신욕하기

나만의 매력은 내가 결정한다

"스스로 생각하는 자신만의 매력은 무엇인가요?"

겉으로 보이는 모습에 집착하는 사람 중 상당수는 대중 매체가 규정한 '미남 미녀의 기준'에 자기를 비춰 보고 쉽게 좌절한다. 주먹으로 가려질 만큼 작은 얼굴과 잡티 없이 매끈한 피부, 군살 없이 늘씬한 몸매의 연예인과 비교하면 내 모습은 언제나 뜯어고쳐야 하는 대상일 수밖에 없다. 이런 사람에게 있는 그대로의 모습을 사랑하고 자신감을 가지라는 이야기는 무척 공허하게 들릴 것이다.

외모가 뛰어난 사람과 자신을 비교한 결과는 뻔하다. '나는 별로 예쁘지 않아' '나는 별로 잘생기지 않았어'라는 자기 부정의 상태가 바로 그것이다. 하지만 온갖 수단과 노력을 동원해도 나보다 예쁘고 잘생긴 사람은 항상 존재하기 마련이다. 그래서 끊임없이 남과 비교하면서 타고난 내 모습은 부정적으로 바라보게 된다. 자꾸만 단점을 찾으면서 내 외모가 가진 고유한 장점마저 인지하지 못한다.

두꺼운 눈꺼풀에 동양적인 얼굴과 통통한 체격을 가진 S 씨는 대학교 입학을 앞두고 나를 찾아왔다. 자신에게 어울리는 메이크업을 배우고 싶다는 그녀에게 나는 외꺼풀의 매력을 살릴 수 있는 아이 메이크업과 얼굴 윤곽을 살리는 블러셔 표현법을 중점적으로 가르쳐주었다. 소위 말하는 전형적 미인은 아니었지만 이목구비의 고유한 장점을 살려주자 개성 있는 매력이 드러났다. 혹시 쌍꺼풀 수술을 할 의향이 있냐고 조심스럽게 묻자 S 씨는 미소를 띠며 이렇게 답했다.
"요즘 거리를 나가 보면 다들 얼굴이 비슷하잖아요. 저는 남들과 다른 동양적인 제 눈이 정말 좋아요."

자신의 얼굴을 좋아한다고 대답하는 모습이 여느 성형외과 광고 속 미녀보다 더 매력적으로 보인 건 나만의 느낌이었을까? 자기 모습을 사랑하는 '진정한 아름다움'의 조건을 갖추고 있던 그에게서 뿜어져 나오는 빛나는 자신감과 당당함이 바로 우리가 갖춰야 할 아름다운 사람의 애티튜드다.

외모에 자신이 없는 사람들은 삶이 뜻대로 흘러가지 않을 때마다 쉽게 외모 탓을 한다. 과거의 나 또한 그랬다. 내 외모의 단점에 집착하던 대학 시절, 연극부에서 중요한 역할을 맡지 못할 때는 작은 키를 원망했다. '내 키가 더 크고 예뻤더라면 상황이 달라졌을 텐데'라는 말도 안 되는 생각에 사로잡혔다. 하루에도 몇 번씩 불평을 늘어놓기 일쑤였다. '키가 딱 5센티미터만 더 크면 좋겠다.' '허벅지랑 팔뚝은 왜 이렇게 굵은 거야.' '왜 볼살이 빠지지 않지?' '토끼 이빨 너무 싫다. 교정을 했어야 했나.' 가질 수 없는 모습을 동경하면서 스스로를 쉴 새 없이 부정하고 비판했다. 하지만 아무것도 나아지지 않았다. 자존감만 더 낮아질 뿐이었다.

어느 순간부터 있는 그대로의 나를 인정하고 기분 좋게 가꾸면서 단점이라 생각했던 부분들이 나만의 특별한 매력으로 다가왔다. 마음을 먼저 치유하자 비로소 나는 겉모습에 대한 집착과 부정적인 생각에서 자유로워졌다. 거울에 비친 내 모습은 이전과 크게 달라지지 않았지만 '그 누구도 아닌 나여서 좋다'는 자신감이 생겼다. 체형에 어울리는 스타일을 찾으면서 오랜 콤플렉스였던 159센티미터의 작은 키는 적당히 아담하게 느껴졌고 비율만큼은 괜찮다는 자신감이 생겼다. 얼굴을 돋보이게 하는 메이크업과 다양한 헤어스타일을 시도하면서 그동안 몰랐던 내 얼굴의 장점을 발견했다. 십수 년이 지난 지금은 과거에 그토록 바꾸고 싶어 했던 내 외모의 단점이 잘 기억나지 않는다. 어느덧 나는 외모 콤플렉스라고는 가져본 적이 없는 사람처럼 자존감이 충만해졌다. 다른 모습을 꿈꾸지 않는 지금의 나는 내 모습을 온전히 책임질 수 있는 사람이 되었다. 과거 그 어느 때로도 돌아가고 싶지 않을 만큼 지금의 내가 좋아졌다. 물론 어떤 날에는 안색도 좋지 않고 퉁퉁 부은 다리가 버겁게 느껴지지만 거울 속에 비치는 반짝이는 눈동자와 미소만큼은 너무도 사랑스럽다.

나만의 매력으로 아름다운 정원을 만든다
....

내 자존감이 높아진 이유는 이목구비나 체형이 이전과 달라졌기 때문이 아니다. 남과의 무의미한 비교를 멈추고 내 매력을 가꾸어 드러낸 결과다. 얼굴이 크면, 키가 작거나 코가 낮다면 아름답지 않은 걸까?

아름다운 외모는 단순히 얼굴의 생김새와 체형의 조건으로 완성되지 않는다. 우리 모두는 저마다 개성과 장점을 가지고 있다. 개성이 꽃이고 장점이 나무라고 치자. 나만의 아름다운 정원을 만들기 위해서는 먼저 내가 가진 꽃과 나무가 어떤 것인지 알아야 한다. 꽃과 나무가 있다고 바로 정원이 아름다워지지는 않는다. 각각의 특성을 이해하고 잘 가꾸어 서로 조화를 이룰 때 비로소 나만의 아름다운 정원이 된다. 거울을 찬찬히 들여다보며 내 얼굴과 신체 곳곳에 숨어 있는 매력을 발견해 보자. 자신의 자원을 최대한 활용해 아름답게 보이는 방법을 배워보자. 나이가 들어도, 아니 오히려 나이가 들수록 더 아름다워지는 강력한 무기가 될 것이다.

나는 외모의 기준이 지나치게 높은 사람을 만날 때마다 이렇게 이야기한다. "지금의 나를 예쁘게 바라보아야 더 예뻐집니다. 지금 모습 그대로를 잘 가꾸어보세요. 나만의 장점을 살리면 충분히 매력적일 거예요." 이제 자신의 모습을 스스로 비판하는 일을 멈추자. 거울을 볼 때 마음에 들지 않는 부분이 보인다면 칭찬과 긍정의 언어로 바꾸어 말해보자. '왜 이렇게 눈이 작지?'는 '작은 눈이 섬세해 보여'로 바꾸자. '코가 너무 낮아'는 '작은 코가 귀여워'로, '다리가 많이 두껍네'는 '건강한 내가 매력적이야'로 바꿔보자. 남과 다른 내 모습이 바로 고유한 매력이다. 아름다움은 늘 내 마음가짐에서 비롯된다.

내가 원하는 모습을 구체적으로 상상하기

....

나만의 매력을 찾고 나서 내가 원하는 스타일로 가꾸어나가는 방법은 무엇일까? 바로 내가 원하는 모습을 최대한 구체적으로 상상해 보는 것이다. 이미지코칭이라 하면 대개 자신에게 가장 잘 어울리는 이미지를 찾아서 그대로 연출해 주거나 또는 멋지고 예쁜 모습으로 만들어주는 것이라고 생각한다. 물론 맞는 말이다. 하지만 진정으로 누군가를 행복하게 만드는 이미지코칭이란 '스스로 자신이 원하는 이미지를 찾게 하고, 내면과 외면 모두 그 모습에 가까워지도록 돕는 일'이다.

다른 사람이 보기에 호감을 느끼는 이미지로 만드는 일 역시 무척 중요하지만, 그보다 더 중요한 건 '진짜 자신이 원하는 모습이 되는 것'이다. 내가 진정으로 원하는 모습이 되었을 때 나를 긍정하게 되고, 자기 자신에게 당당한 태도가 겉으로 드러나면서 타인에게도 호감을 주는 매력이 된다.

"당신이 원하는 이미지는 무엇인가요?"라고 물었을 때 가장 많이 들었던 대답은 "편안하고 밝고 호감을 주는 모습"이었다. "편안하고 밝고 호감을 주는 모습이 대체 무엇인가요?"라고 물어보면 잘 대답하지 못했다. 이에 반해 원치 않는 모습을 물어봤을 때는 "뚱뚱하지 않았으면" "피부가 나쁘지 않았으면" "촌스럽지 않았으면 좋겠다"라는 식으로 꽤 구체적인 대답을 내놓았다. 거울을 볼 때마다 마음에 들지 않는 부분만 바라보고 나만의 매력과 장점이 무엇인지, 어떻게 발전시켜 원하는 이미지로 만들지 고민하지 않았기 때문이다.

이는 "어떤 삶을 살고 싶으세요?"라는 질문에 "행복하게 잘 살고 싶어요"라고 대답하는 것과 같다. 즉, 원하는 방향이 모호하고 불분명하다. 사람은 누구나 행복하게 살기를 바라지만 면면이 들여다보면 각자가 바라는 구체적인 삶의 형태는 모두 다르다. 마찬가지로 사람들이 원하는 이상적인 모습은 어느 정도 비슷하지만 각자가 원하는 이미지와 구체적인 스타일은 가치관이나 취향에 따라 제각각 다르게 마련이다.

내가 원하는 모습으로 변하려면 그에 대한 '구체적인 그림'이 있어야 한다. 그 그림이 구체적이면 구체적일수록 원하는 모습에 더 가까워질 수 있다. 이는 스타일을 변화시키는 데 가장 중요한 법칙이다. 어떤 이미지를 원하느냐에 따라 스타일을 고르는 행동까지도 달라지기 때문이다.

이제 내가 원하는 모습을 매 순간 그려보자. 날씬해지고 싶다면 '날씬해지고 싶다'라고 마음속으로 되뇌면서 원하는 몸매를 구체적으로 상상해 보자. 주변 사람 중 내가 원하는 모습에 가까운 롤모델을 찾아도 좋다. 정말 간절하게 날씬한 몸매를 원한다면 이전처럼 야식을 배불리 먹고 곧장 침대로 향하는 일은 절대로 하지 않을 것이다. 남다르게 개성 있는 이미지를 원한다면 조금 튀더라도 눈에 띄는 컬러나 독특한 디자인의 옷을 사게 되지 않을까? 내가 원하는 모습을 명확히 그리면 그 모습은 행동을 통해 실현된다. 나의 생각이 행동을 제어하고, 행동이 스타일의 변화를 불러일으킬 것이다.

이미지 변화에 성공하는 건 자신이 되고 싶은 이미지를 명확히 파악했기 때문이다. 어떤 사람으로 보이길 원하는지는 누구나 가지는 생각이지만 그것을 어떻게 인정하고 받아들이느냐에 따라 저마다의 행동이 결정된다. 내가 원하는 이미지와 스타일을 알려면 무엇보다도 나를 깊이 탐색하는 시간이 필요하다. 나를 구석구석 알아야 달라지고 싶은 모습도 선명하게 그려보고 그에 맞는 행동을 실천할 수 있다.

나를 만나는 사람들에게 어떤 이미지로 보이길 바라는가? 원하는 모습을 능동적으로 찾고 행동하면 나 자신에 대한 만족감도 서서히 상승한다. 미래의 긍정적인 변화를 기대하는 것만으로도 나의 행동은 달라질 수 있다. 이제 내 스타일에 대한 생각부터 행동까지 디자인해 보자.

다음 중 내가 원하는 모습에 체크해 보자. 그에 따른 구체적인

행동은 무엇부터 해볼 수 있을까?

☐ 군살 없이 날씬한 몸

→ 균형 잡힌 식사와 운동

☐ 곧고 바른 자세

→ 항상 자세를 의식하려는 노력

☐ 깨끗하고 윤기 있는 피부

→ 꾸준한 피부 관리, 윤기 있는 메이크업

☐ 생기 있는 눈동자

→ 체력과 마인드 관리

☐ 감각적인 스타일

→ 트렌드 분석, 다양한 시도

☐ 호감 가는 인상

→ 자연스러운 미소와 밝은 표정 짓기 연습

스타일 관리는 셀프 케어다

스타일 관리는 누구를 위한 것인가? 이 질문에 대한 답은 크게 두 가지로 나누어진다. 나를 위한 행동이라는 답과 다른 사람을 의식하는 행위라는 답이다. 열심히 관리하는 사람에게 누구한테 잘 보이려고 그렇게 꾸미냐고 묻는 사람은 후자의 답을 마음속에 품고 있을 것이다.

팬데믹 시절에 일어났던 일을 떠올려 보자. 집안에서 생활하는 시간이 늘고 대면 활동이 줄어들면서 타인에게 어떻게 보이는지 신경 쓰지 않는 분위기가 조성되었다. 당시 유행하던 스타일은 라인이 드러나지 않아 편하게 입을 수 있는 루즈핏의 캐주얼 스타일이었다. 사람들을 만나지 않게 되면서 외모에 신경을 쓰지 않다 보니 코로나 시기에 살이 쪘다는 사람도 늘어났다. 그리고 지금까지도 그 후유증으로 스타일 관리에 어려움을 겪으며 나를 찾아온다. 타인에게 보이는 모습이 신경 쓰이니 사람들을 만나는 일을 기피해 왔다는 고백도 심심치 않게 듣는다.

다시 생각해 보자. 누구를 위해 스타일을 관리하는가? 사람들을 만나는 일과 상관없이 나를 가꾸는 일은 당연히 나를 위한 일이 되어야 하지 않을까.

이미지코칭 수업에서 나는 스타일을 관리하는 것이 누구를 위한 것이냐는 질문으로 수업을 시작한다.

공개 강의에서 만난 30대 후반의 학원 강사 L 씨는 '외모를 가꾸는 일은 내 삶을 위한 것'이라는 주제의 강의를 듣는 내내 진지한 표정을 지었다. 며칠 후 나를 만나러 와서는 자신이 결혼 이후 줄곧 맞벌이를 하며 육아와 바쁜 업무 때문에 단 하루도 자신을 위해 시간을 써본 적이 없다고 고백했다. 출산하고 급격히 변해버린 외모 때문에 남편이 자주 조롱해 현재는 사이가 나빠져 별거 중이라고 고백했다. 무엇보다 심각한 문제는 단기간에 살이 많이 찌면서 건강에도 이상 신호가 나타났고 움직이기도 너무 힘들다는 것이었다. 하지만 진짜 문제는 변해버린 외모가 아니라 스스로의 모습을 바라보기조차 어려울 정도로 떨어져 버린 '자존감'이었다.

강의나 컨설팅에서 나눠주는 체크리스트에서 수강생들이 좀처럼 표시하지 못하는 항목은 바로 "나는 나를 사랑한다"라는 문장이었다. 자존감을 확인하고자 넣은 문항이었는데, 여기에 선뜻 '예'라고 답하지 못하는 사람들이 많다는 사실이 의아하면서도 무척 안타까웠다.

여기서 말하는 '사랑'이란 어떤 의미일까? 그 누구도 무관심하고 학대하고 내버려두는 것을 사랑이라 칭하지 않는다. 사랑한다는 건 그 사람의 이야기에 귀 기울여 주고 마음을 이해해 주며 그가 원하는 일을 해주고 싶어 하는, 그래서 조금 더 행복해지기를 바라는 마음 아닐까? 그런데 왜 우리는 자신을 사랑하지 않는 걸까? 내가 오랜 시간 많은 사람을 만나며 발견한 이유는 '스스로를 사랑해 줄 만큼 자신이 괜찮은 사람이 아니라고 생각해서' '평소 나에게 잘 대해주지 못해서'였다. '나 자신에게 소홀했는데' '나 자신에게 별 관심이 없었는데' '밤낮 없이 스스로를 혹사시켰는데' '나 자신에게 늘 희생만 강요했는데'라는 생각이 머릿속에 맴도니 나를 사랑한다는 문항에 쉬이 표시하지 못하는 것이다.

자신에게 만족하지 못하는 진짜 이유는

....

사회초년생 L 씨는 누가 봐도 늘씬한 몸매에 또렷한 이목구비를 지닌 미인이었다. 그런데도 만날 때마다 잔뜩 찡그린 표정이 '나는 내가 조금도 마음에 들지 않아'라고 말하는 것 같았다. 지금 하는 일에서도 스트레스를 많이 받는다고 이야기했다. 좋은 남자를 만나 연애도 해보고 싶지만 자신의 외모가 한없이 모자라 걱정이 크다고 했다. 나는 도대체 어떤 점이 그렇게 마음에 들지 않느냐고 물었다.

"얼굴은 너무 크고 광대뼈도 튀어나왔어요. 아, 그냥 너무 못생긴 것 같아요."

대학생 K 씨는 꽤 귀여운 이목구비에 서글서글한 인상의 소유자였다. 하지만 그도 나를 만나자마자 예쁘지 않은 외모 때문에 사람들에게 제대로 인정받지 못하고, 자존감도 낮아서 괴롭다고 했다. 최근 몇 년간 폭식증과 거식증을 번갈아 겪으며 급격히 살이 쪘다 빠졌다를 반복하고 심각한 위장장애까지 앓고 있었다. 이제는 자신의 모습을 보는 것조차 싫어 거울도 다 치워버렸다고 말했다. 그는 이런 자신을 도무지 사랑할 수 없다며 고개를 내저었다.

나는 자신의 모습에 만족하지 않는 사람들의 이야기를 들을수록 진짜 문제는 외모가 아니라는 결론에 도달했다. 자신을 사랑하지 않는 마음이 인생 전반에 부정적인 영향을 미쳤고 급기야 괜찮은 외모까지도 끊임없이 비하하고 부정하게 만들었던 것이다.

아름다워지려면 몸과 마음부터 건강해야 한다. 마음속에 어두움이 있거나 몸이 아플 때 이를 완전히 감추기란 매우 어렵다. 내면이 오염되어 있거나 신체 에너지가 부족할 때도 스스로 아름다움을 발견하기가 어렵다. 그래서 시시때때로 자신의 내면을 정화하고 몸을 돌보는 일이 필요하다. 마음이 힘들고 몸이 아프면 외모를 가꾸는 것이 즐겁기는커녕 힘들고 귀찮은 일이 될 수밖에 없다.

나도 한때는 내 모습이 늘 마음에 들지 않아 괴로웠다. 외모나 나를 둘러싼 조건이 달라져야만 누군가에게 사랑받을 수 있을 거라 믿었다. 하지만 그건 나만의 착각이었다. 온전히 나를 사랑할 수 있는 사람은 '오직 나'밖에 없다는 사실을 깨닫고는 스스로에게 더 관심을 기울이기로 했다. 지금 마음 상태는 어떤지, 어떤 음식을 먹고 있는지, 잠은 잘 자는지, 아픈 곳은 없는지 내 몸과 마음의 건강 상태를 체크하고 내 겉모습도 사랑해 보기로 했다.

자존감은 누군가에게 사랑받는다고 높아지지 않는다. 다른 이의 사랑과 관심을 갈구하기에 앞서 나를 먼저 인정하고 사랑해야 자존감도 높아지는 법이다. 혹시 당신은 지금껏 일정 수준 이상의 조건을 갖춘 누군가만 사랑할 수 있다고 생각했는가? 만약 그렇다면 아마 그 생각울 나 자신에게도 동일하게 적용했을 가능성이 크다. '조건이 충족되지 않은 지금의 나를 사랑할 수 없다'고 스스로 괴롭혔을 것이다. 그런데 이런 생각은 조건만 따지는 속물적인 사랑에 불과하다.

자존감은 스스로를 긍정하고 사랑하는 마음이다. 이제 그만 자기 자신에 대한 불필요한 비판을 멈추고 조금 부족할지라도 따뜻하게 보듬어주자. 자책하기보다는 조금 더 나아질 수 있는 방향으로 시선을 돌리자. 외모를 고치기 전에 나를 돌보고 사랑하는 일이 선행되어야 한다.

만족스럽지 않은 내 모습을 마주할 때마다 '이런 나를 사랑할 수 있을까?'라는 생각이 들겠지만, 그 순간이야말로 마음을 가다듬고 나에게 애정을 보내야 할 때다. 사랑하라는 의미는 단지 마음속으로 응원을 보내라는 말이 아니다. 직접 나를 위해 '사랑하는 행동'을 해줘야 한다. 기분이 좋아지는 옷을 입고, 출근길에는 힘이 나는 노래를 들으며, 교양을 쌓기 위해 독서를 하고, 피로를 풀기 위해 반신욕을 하는 등 나를 아끼는 행동을 찾아 꾸준히 실천하면 된다.

그동안 많은 사람을 코칭하며 그들의 삶을 통해 깨달은 사실이 있다. 스타일 관리는 자신의 삶을 존중하는 사람만이 지속할 수 있는 행위다! 단순히 화장을 잘하고 옷을 잘 입는다고 아름다워지지는 않는다. 궁극적으로 내면에 자존감을 채우고 건강한 생활 습관을 지녀야만 현재도 그리고 앞으로도 계속 매력적인 모습을 유지할 수 있다. 수업과 코칭에서 만났던 사람들 모두 자신의 스타일을 관리함으로써 더 활기찬 생활을 할 수 있었고, 새로운 일에 도전하게 되었으며, 사람들과의 관계에서도 더욱 적극적이고 긍정적인 태도가 되었다고 고백했다.

지금 당신은 당신을 사랑하고 있는가? 자신이 원하는 모습을 만드는 힘은 스스로를 온전히 사랑할 때 비로소 생겨난다. 스스로를 아끼고 사랑하는 마음으로부터 내면과 외면의 모든 변화가 시작된다는 사실을 잊지 말길 바란다.

스타일 관리는 셀프 케어다. 기억하자. 자신의 내면과 외면을 살피고 돌보는 모든 과정이 내 자존감을 높이는 일이며, 그 결과가 스타일에도 그대로 반영된다는 것을. 온전히 나를 위한 선택이 내가 나를 존중하는 가장 확실한 방법임을 마음속에 새기길 바란다.

스타일
체크포인트

다른 사람에게 들었을 때 기분 좋았던 말은 무엇인가?

다른 사람을 칭찬했던 말이 있다면?

나 자신에게 나를 존중하는 말을 건네보자.

원하는 모습으로
원하는 삶을 살아가는 기쁨

우리는 거울에 비친 내 모습이 조금만 더 나아 보여도 행복을 느낀다. 사진 속 얼굴이 마음에 들 때 그 모습이 실제 나인 것 같은 기분 좋은 착각을 하고 화장 후 달라진 모습을 보며 자신감을 얻는다. 물론 일시적인 만족감일 수 있지만 그 순간만큼은 '나는 꽤 괜찮은 사람이야'라는 생각과 함께 자존감이 높아져 적극적이고 당당해진다. 이렇듯 겉모습도 분명 개인의 정체성에서 적지 않은 비중을 차지하는 중요한 요소다.

기분이 좋아지는 외모는 자신에게 보내는 긍정의 신호로 작용한다. 여러 심리학 연구에서도 자신의 외모에 만족감을 느끼는 사람이 타인과의 관계에서도 우호적인 성향을 보인다고 이야기한다. 남의 이목이나 관심 따위에는 흥미가 없다고 말하는 사람도 많지만 사실 사회생활을 하는 모든 사람은 내 앞에 있는 상대방이 나에게 관심을 보이고 내 말에 귀 기울여주기를 바란다. 상대방이 나에게 관심을 보인다는 것은 곧 자신을 중요한 존재로 여긴다는 의미이기 때문이다. 내가 원하는 모습에 만족한 만큼 자신 있는 태도가 몸에 밴다. 당당한 태도를 본 상대방도 자연스럽게 내게 호감을 느낀다. 인간관계가 원만하게 풀리는 선순환 속에서 자존감이 한층 더 단단해지는 시너지를 낼 수 있다.

대구에서 공무원 생활을 하던 50대 중반의 L 씨는 지인의 소개를 받고 자신의 이미지를 바꿔보고 싶다며 이미지코칭 프로그램에 참여했다. 자기계발을 위해 매일 책을 읽고 블로그에 글을 쓰는 활동을 이어가던 그는 자신감을 얻게 되었다. 이제는 신뢰를 주는 분위기가 자기의 스타일에서도 그대로 느껴지기를 바랐다.

그는 성실함을 무기로 삼아 하루도 빠짐없이 미소 셀카를 찍는 표정 트레이닝을 이어갔다. 자신에게 어울리는 컬러와 체형에 맞게 패션에도 대대적인 변화를 줬다. 이전의 어둡고 다소 어눌한 인상에서 벗어나 누구보다 자신감 넘치는 인상이 되면서 최근 그를 만나는 사람들 모두 그에게서 남다른 에너지를 느꼈다고 말한다. 꾸준히 외모를 가꾸는 노력을 통해 또래와는 확연히 다른 젊은 이미지가 되었다. 이제는 어디를 가더라도 그가 어떤 사람인지 궁금해하며 다가오는 이들이 많다고 한다. 현재 그는 사람들에게 동기를 부여하는 메신저로 활발하게 활동하고 있다.

30대 후반의 작가 K 씨 또한 이미지코칭을 통해 스타일을 바꾼 이후 비슷한 경험을 했다. 타고 나길 작은 키에 통통한 몸매라서 자신이 절대로 예뻐질 수 없다는 생각에 외모보다는 내면의 소양을 쌓는 데에 집중했었다. 그런 그에게 "어떤 모습으로 살기를 원하세요?"라고 묻자 "차분하고 우아한 매력이 느껴지고 약간은 신비감이 드는 예술가의 모습이요"라고 대답했다.

실제로 다소 푸근하고 귀여운 이미지여서 현실적으로 그가 원하는 모습이 되려면 어떤 변화를 줘야 할지 함께 고민했다. 그 결과 동그란 안경테는 끝이 살짝 올라간 형태로 바꾸고, 아래로 뻗치는 단발머리에서 살짝 웨이브를 넣은 우아한 느낌의 헤어스타일로 변화를 주었다. 또 지나치게 캐주얼한 의상을 벗고 퍼스널 컬러에 맞는 차분한 분위기의 세미 정장으로 스타일을 연출해 주었다.

그는 변화한 자신의 모습에 무척 만족했다. 자신이 원하는 모습과 정체성에 한 걸음 더 다가간 기분이 든다고 했다. 원하는 모습을 찾은 후 이전처럼 작품 활동에 몰두하자 그를 찾는 사람이 많아졌다. 더욱 당당하게 사람들 앞에 나설 수 있게 되었다며 자신감 넘치는 미소를 지어 보였다.

정체성을 확립하는 스타일 인문학
....

"스타일 관리가 중요합니다"라고 이야기하면 대부분은 단지 '꾸밈'이나 '치장'으로 오해한다. 그러나 스타일링은 겉모습을 꾸미는 데서 그치는 것이 아니다. 신체 이미지는 자기 정체성을 형성하는 핵심 요소다. 외모 관리는 이미지를 굳건히 하고 타인에게 자신을 각인시키는 활동이다.

한 사람이 가진 외모에 대한 생각과 기준은 내면의 가치와 그 사람을 둘러싼 문화와 환경에 직간접적으로 영향을 받는다. 우리의 외모를 결정하는 '나와 나를 둘러싼 조건과 상황을 어떻게 바라보고 생각하는지'가 바로 인문학이라는 점에 주목할 필요가 있다. '나는 누구인가?' '어떻게 살 것인가?'에 대한 근원적인 질문부터 타인과의 관계, 문화와 사회에 대한 고찰까지 우리가 삶을 살아가며 생각하는 모든 것은 인문학과 맞닿아 있다. 문화적 배경이나 생활환경에 변화가 생겨 내면의 가치가 달라지면 외모에 대한 가치관과 추구하는 스타일, 이를 실현하는 행동 역시도 달라진다. 그렇기에 스타일이야말로 가장 인문학적으로 접근해야 한다.

외모 때문에 정체성에 혼란을 겪는 사람들 대부분이 '자기 자신과 스타일에 대한 인문학적 고찰의 부족'으로 문제에 부딪혔다고 볼 수 있다. 온화하고 여유로운 이미지를 갖고 싶다면서 딱딱하고 굳은 표정으로 다니는 사람, 세련되고 우아한 이미지로 보이고 싶다면서 늘 캐주얼한 옷차림으로 다니는 사람은 자신의 생각과 표현을 일치시키지 못하는 단적인 예다.

인위적인 연출이 아닌
진정한 내가 되는 이미지메이킹
....

이미지메이킹을 '원래 그런 사람이 아닌데 좋아 보이는 이미지로 그런 척하는 것'이라 여기는 사람도 있다. 물론 실제로 내면은 그렇지 않은데 외적으로만 그런 척하는 사람이 존재하는 것도 사실이다. 하지만 진정한 이미지메이킹은 자신이 원하는 이상적인 상에 가까워지도록 내면과 외면을 함께 가꾸어 일치시키는 것, 자신이 진짜 바라는 사람이 되는 것이다. 철학자 스피노자는 "인간의 진정한 행복은 더욱 완성된 자기로 나아가는 과정에 있다"라고 말했다.

늘 피곤하고 지친 기색이 역력했던 30대 직장인 C 씨는 사람들을 만날 때 자신의 모습을 신경 쓰는 일이 어쩐지 불편한 기분이 든다고 토로했다. 의도적으로 특정한 이미지를 가지려고 노력하는 일이 자연스럽지 않다는 것이었다. 그런 그에게 먼저 세상에 어떤 사람으로 비치고 싶은지 떠올려 보라고 권했다. 처음엔 망설이며 "뭐 사람들이 저를 보고 싶은 대로 보겠지요"라고 대답했던 그는 곰곰이 생각하더니 "솔직히 이제는 좀 건강하면서도 지적인 이미지로 보이고 싶어요"라고 말했다.

혹시 무엇이든 보통 사람들이 보기에 무난하고 좋은 것이 나에게도 좋다고 생각하는가? 다른 사람들이 인정하는 가치를 따라가기 전에 진짜 내가 원하는 것이 맞는지 반드시 스스로에게 되물어야 한다. 스스로 무엇을 원하는지도 모른 채 다른 사람들이 좋다는 것을 무작정 따라가다 보면 정작 '나 자신'을 잃어버린다.

이제 내면의 목소리에 귀를 기울여보자. 진정 내가 되고 싶은 나는 누구인가? 모든 사람이 똑같이 부러워하는 삶은 없다. 개개인이 추구하는 가치와 좋은 삶의 의미는 저마다 다르다.

나는 무엇을 할 때 기분이 좋은지, 어떤 상황에서 기쁨을 느끼고 만족하는지 알아야 한다. 그저 남들이 좋다는 것을 따라 해서는 절대 자기 자신을 만족시킬 수 없다.

최근 이미지코칭을 받은 40대 중반의 한 남성은 자신이 원하는 삶과 그에 어울리는 모습을 적극적으로 생각해 보는 경험이 일과 인간관계를 되돌아보는 계기가 되었다고 말했다. 예전의 그는 늘 남의 눈치를 보고 새로운 환경에 놓이면 소극적인 태도를 보였다. 컨설팅 후 자신의 가치를 인정해 주는 사람들과 만나는 자리를 적극적으로 찾아 나섰다. 자신의 재능을 펼칠 수 있는 분야의 공부도 새롭게 시작했다.

지금까지와는 전혀 다른 환경에서 새로운 사람을 만날 때, 나는 어떤 모습으로 비치고 싶은가? 누군가에게 보여지는 모습을 인위적으로 꾸며야 한다는 이야기가 아니다. 그 상황에서 주체적으로 나를 어떻게 표현할 것인가의 문제다. 그동안 제대로 들여다보지 못했던 내 마음속 바람과 소망에 귀를 기울일 때 나만의 매력을 찾고 행복에 한 걸음 더 가까워질 것이다.

현재 내가 원하는 삶을 살고 있는가? 아래 문항을 체크해 보자.

☐ 늘 별다른 계획이나 생각 없이 흘러가는 대로 살고 있다.

☐ 현재 하고 있는 일에서 특별한 의미를 찾지 못한다.

☐ 나를 충전하는 시간을 갖기 어렵다.

☐ 내 삶이 균형 잡혀 있지 않다고 느낀다.

☐ 다른 사람에게 내 기분이나 감정을 숨기고 꾸밀 때가 많다.

☐ 집 밖에서는 마음이 편안한 상태로 있을 때가 거의 없다.

☐ 다른 사람에게 내 의견을 솔직하게 이야기하기 어렵다.

☐ 자주 불안하고 예민하다.

☐ 현재의 생활에서 벗어나 아무도 모르는 곳으로 떠나고 싶다
    는 생각을 자주 한다.

☐ 내가 다른 이를 위한 삶을 살고 있다고 느낄 때가 많다.

✅ 2개 이하

당신은 현재의 삶에 대체로 만족하며 살고 있다. 자신을 즐겁게 하는 일이 무엇인지 잘 알고 있다. 당신이 느끼는 평안과 행복을 주위 사람들과 나눈다면 더 큰 기쁨을 누릴 수 있다.

✅ 3~6개

당신은 보통 사람과 다른 바 없는 평범한 삶을 살고 있다. 때로는 자신의 삶에 만족한다고 생각하겠지만 이대로 시간이 흘러가면 정말 의미 있는 것들을 놓칠 수 있다. 자신의 삶을 점검해 보면서 가까운 미래부터 차근차근 계획해 보자.

✅ 7개 이상

당신은 현재의 삶에 심각한 불만을 느끼고 있다. 늘 희생하는 것에 익숙하며 타인을 위해 살고 있다. 이제는 한 번쯤 당신에게 주어진 모든 의무를 내려놓고 자신에게 가장 필요한 것이 무엇인지 찾아보길 바란다.

건강한 습관이
좋은 스타일을 만든다

사람들의 생활 습관은 저마다 다르다. 하루도 빠짐없이 꾸준히 운동하는 사람이 있는가 하면 숨쉬기 운동 외에는 아무것도 하지 않는 사람도 있다. 하루 수면 시간이 5시간 이하인 사람도 있고 반드시 8시간 이상을 자야만 하는 사람도 있다. 패스트푸드나 편의점 음식으로 식사를 대충 때우는 사람이 있는 반면 매일 아침 일찍 일어나 건강한 샐러드와 과일 주스를 챙겨 먹는 사람도 있다.

누구나 아름다워지길 원하고 이를 위한 가장 빠르고 효과적인 지름길을 찾는다. 사실 스타일을 변화시키는 방법은 너무나 단순하고 일상적이어서 간과하기 쉽다. 나는 직업이 이미지코치인 만큼 방대한 스타일 관리 정보를 알고 있지만 반드시 지키는 관리법은 그다지 특별하지 않다.

먼저 아침에 일어나면 5분 정도 짧게 스트레칭을 한다. 일 주일에 서너 번은 오전 중에 달리기를 하거나 헬스장에서 근력 운동을 한다. 일을 마치고 돌아오면 집 앞 산책로를 한 시간가 량 걷는다. 샤워를 하면 보디로션을 꼭 챙겨 바르고 머리를 말 리는 동안 얼굴에 마스크 팩을 붙인다. 세안하고 나서 에센스 와 수분크림을 발라 피부가 건조해지지 않게 관리한다. 일상생 활 중에는 반드시 자외선 차단제를 바르고 외출할 때는 쿠션으 로 피부 톤을 보정한 뒤 눈썹을 그리고 립스틱을 바른다. 그날 의 일정에 맞는 옷을 입고 어울리는 액세서리를 착용한다. 아 마도 여기까지는 많은 이들이 알고 실천하는 관리법일 것이다. 다만 나는 여기에 남다른 비법을 더하는데 '혼자 있는 시간에 도 입꼬리 올리기'와 '배에 힘을 주고 곧은 자세로 앉기'가 바 로 그것이다.

나도 모르게 스타일이 망가지는 습관

....

40대 중반의 한 여성 사업가는 실제 나이보다 열 살 이상 많 아 보인다는 이야기를 자주 들었다며 나에게 메이크업과 스타일 코칭을 요청했다. 그런데 막상 그를 만나보니 가장 시급한 문제는 이목구비가 아니라 구부정한 등과 목이었다. 젊은 시절부터 책상 앞에 앉아 잘못된 자세로 오랜 시간 일을 해왔던 탓에 평상시 서 있는 자세까지 노인처럼 굽어버리고 말았던 것이다. 전신 거울과 사진을 통해 자신의 자세를 확인한 그는 지금껏 이렇게 다녔는지 꿈에도 몰랐다며 당혹감을 감추지 못했다.

사실 우리의 스타일이 망가지는 습관들은 너무나 사소해서 전혀 인지하지 못하고 지속될 가능성이 크다. 수면 부족이 일상인 마케터 J 씨는 최근 다크서클 시술을 고민한다고 했다. 늘 구부정한 자세로 모니터를 바라보며 일했던 프로그래머 C 씨는 척추가 휘면서 얼굴형이 틀어졌다며 교정센터를 알아보고 있다. 내가 최근에 깨달은 사실이 있다면 대부분 사람이 정말로 심각한 상황이 되어서야 자신의 문제를 어렴풋이 눈치챈다는 것이다. 젊은 나이에 일찍 노화가 찾아오거나 외모가 망가진 사람에게는 오랜 시간 자신에게 관심을 가지지 않고 외모를 해치는 습관을 간과하면서 하루하루를 보냈다는 공통점이 있다. 스타일을 망치는 사소한 습관이 무엇인지 하나씩 짚어보자.

영화나 드라마를 볼 때마다 과자 먹기

→ 자신도 모르는 새에 한 끼 식사 이상의 칼로리를 섭취한다.

밤마다 습관적으로 야식 먹기

→ 야식증후군에 빠져 비만과 소화기 장애에 시달린다.

베개에 얼굴을 파묻고 엎드려 자기

→ 피부 탄력이 떨어지고 주름이 생긴다.

물 대신 탄산음료와 커피 마시기

→ 과다한 당분 섭취로 살이 찌고 수분이 부족해진다.

뾰루지가 올라올 때마다 손으로 짜기

→ 2차 감염으로 피부 염증이 심해지며 흉터 자국이 오래 남는다.

자외선 차단제를 바르지 않고 외출하기

→ 언제 생겼는지 알 수 없는 잡티로 얼굴이 뒤덮인다.

서 있을 때 배를 내밀거나 구부정하게 앉기

→ 허리가 휘고 나이 들어 보인다.

늘 헐렁하고 편한 옷만 골라 입기

→ 몸에 긴장감이 사라져서 살이 찌기 쉽다.

이마나 미간을 찡그리며 말하기

→ 깊은 표정 주름의 원인이 된다.

오랜 시간 굳은 표정으로 일하기

→ 피부 탄력이 떨어지고 입꼬리가 내려가 어두운 인상을 남긴다.

현재 나의 모습은 지금까지 내가 하루하루 만들어온 결과물 그 자체다. 푹 파인 미간 주름은 수년간 얼굴을 찌푸린 습관 때문이고 처진 입꼬리는 자주 웃지 않은 결과이며 부족한 패션 센스는 관심을 기울이지 않고 대충 잡히는 대로 입던 습관 때문이다. 출렁거리는 뱃살은 매일 밤 야식을 먹고 주말이면 침대에서 나오지 않던 생활 습관의 결과물이며 탄력 없이 늘어진 팔뚝은 운동이라고는 숨쉬기 운동이 전부였던 나태함의 결과다.

나는 스타일의 변화를 바라는 사람들이 정작 자신의 잘못된 습관은 고치지 않은 채 요즘 유행한다는 연예인의 화장법이나 옷차림을 따르는 행태가 이해되지 않는다. 일상 속 사소한 습관만 고쳐도 스타일은 변화한다. 사실 큰 비용이나 많은 시간을 들이지 않아도 내 모습을 아름답게 가꾸는 방법은 많다.

건조한 피부가 고민이라면 매일 밤 기초 보습 제품으로 셀프 관리를 시작할 수 있다. 메이크업을 거의 하지 않는다면 톤이 보정되는 자외선 차단제와 컨실러로 간단하게 피부 보정을 한 뒤 눈썹만 살짝 그려도 인상이 확 달라진다. 늘 기운 없고 아파 보인다는 말을 자주 듣는다면 얼굴빛에 어울리는 블러셔를 살짝 발라보자.

자꾸만 뱃살이 나와 고민이라면 당과 탄수화물 섭취를 줄이고 배에 힘을 주는 습관을 실천해 보자. 날씬하고 건강한 몸매를 만들기 위해 1년 치 헬스장 이용권을 구매하는 대신 유튜브에서 운동 영상을 보며 따라 해보고 집 근처 산책로를 걷거나 달리는 것부터 시작해 보자. 성형수술로 이목구비를 고치기보다 매일 거울 앞에서 밝은 표정을 연습하는 일이 무뚝뚝한 인상을 보기 좋게 바꾸는 지름길이다.

아주 사소한 행동과 습관이 모여 나의 스타일을 결정한다. 실제로 나에게 이미지코칭을 받고 스타일이 달라진 사람들은 이렇게 고백했다.

"좋은 인상을 위해 지금도 거울을 볼 때마다 입꼬리 올리는 연습을 해요. 확실히 주변에서 기분 좋은 일이 있냐는 말을 자주 들어요. 덩달아 컨디션도 좋아지는 느낌이 듭니다."

"컴퓨터 앞에 오래 앉아 있다 보면 나도 모르게 배를 내밀고 고개를 앞으로 쭉 뺐는데 지금은 의식적으로 허리를 곧게 폅니다. 걸을 때도 마찬가지고요. 더 날씬해 보이는 건 물론이고 허리 통증도 많이 사라졌어요."

"저녁만 되면 남편과 함께 텔레비전을 보며 야식을 시켜 먹었어요. 그런데 지금은 먹지 않으려고 노력합니다. 정 배가 고프면 요거트나 견과류를 조금 먹어요. 물도 수시로 마시고요. 아랫배가 항상 묵직했는데 지금은 속도 편안하고 붓기가 사라졌다는 이야기를 많이 듣습니다."

노력과 습관은 결코 나를 배신하지 않는다. 스타일 관리도 마찬가지다. 밤마다 배달 음식을 친구 삼는다면 얼마 지나지 않아 배와 옆구리에 넘치는 살이 나를 반겨주겠지만 오늘부터 수시로 팔 운동을 한다면 출렁거리는 팔뚝 살이 조금은 단단해질 것이다. 지금 거울에 비친 나의 모습은 그간 내가 선택해 온 사소한 습관의 결과물이다. 지금까지 그랬듯 앞으로의 모습 또한 온전히 나 자신에게 달려 있음을 명심하길 바란다.

지금 내 몸과 마음은 건강한 상태인가?

☐ 자주 피곤한 느낌이 든다.

☐ 의욕이 없고 무기력함을 느낀다.

☐ 배에 가스가 차고 소화 불량 증세가 있다.

☐ 쉬는 날에도 거의 움직이지 않는다.

☐ 과일과 채소를 잘 먹지 않는다.

☐ 바쁘거나 귀찮을 때 라면이나 패스트푸드로 끼니를 때운다.

☐ 스트레스를 받으면 담배나 술로 해소한다.

☐ 자주 예민하고 신경이 곤두서 있다.

☐ 몸이 유연하지 않고 뻣뻣한 느낌이 든다.

☐ 카페인에 의존해 집중력을 끌어올린다.

☑ 3개 이하

건강하고 안정된 상태를 유지하고 있다.

☑ 4~6개

몸과 마음이 보내는 적신호를 감지하고 자신에게 더욱 관심을 가져야 한다.

☑ 7개 이상

무척 심각한 상태. 하던 일을 잠시 멈추고 자신을 돌보는 데에 집중해야 한다.

이 중에서 오늘부터 실천할 수 있는 외모 관리 습관은 무엇인가?

내 몸과 얼굴에서 바꾸고 싶은 부분이 어디인지를 생각해 보자. 더 나은 모습으로 변화하기 위해 지금 당장 시작할 수 있는 습관이 무엇인지 적어보자.

2부

당신의 스타일이
당신을 말한다

Style is attitude

패션은 강력한 의사소통 수단이다

스타일 강의를 시작할 때면 언제나 하는 이야기가 있다.

"여러분이 입은 옷은 어떤 메시지를 전합니다. 지금 당신은 어떤 옷을 입고 있나요? 그 옷은 어떤 메시지를 전한다고 생각하나요?"

인간이 삶을 영위하는 데 의식주는 필수적이다. '내가 사는 곳이 삶의 질을 결정한다' '내가 먹는 것이 나다'라는 말이 있을 정도다. 그렇다면 내가 입는 옷은 어떨까. 집에서 자는 시간을 제외하면 우리가 옷을 입는 이유는 사회활동을 하기 위해서다. 옷이 없다면 누군가와의 만남 자체가 불가능하다. 나를 세상에 보여주고 인간관계를 가능하게 하는 필수 조건이 옷이다.

내가 입는 옷은 나의 모든 활동과 관계에 영향을 미친다. 그래서 옷은 삶의 질에 직접적인 영향을 주는 아주 중요한 요소다.

종종 기업에서 비즈니스 스타일에 대한 강의를 요청받는다. 기업의 분위기는 직원들의 옷차림에서도 나타난다. 어두운 색 정장에 화이트 드레스셔츠를 교복처럼 입던 금융권에서도 수년 전부터 유연한 분위기의 비즈니스 캐주얼을 권장하며 근무 복장에 변화를 주기 시작했다. 기업의 이미지 쇄신을 위해 직원들의 스타일에도 변화가 필요하다는 인식이 생긴 듯하다.

개인 비즈니스를 하는 경우에는 자신의 전문성이 드러날 수 있도록 도와달라는 스타일 컨설팅 요청 또한 늘고 있다. 비즈니스 스타일의 핵심은 '신뢰감이 느껴지는 옷차림'이다. 신뢰감이 느껴지는 옷차림이라는 말에는 이미 옷으로 그 사람의 능력을 드러내 보일 수 있다는 전제가 깔려 있다.

한 남성 강사는 순박하고 조금은 유약한듯한 이미지를 갖고 있었는데 업무적으로 카리스마 있는 분위기가 필요하다는 피드백을 듣고 나를 찾아왔다. 편한 캐주얼 스타일에서 모던하고 시크한 분위기의 세미 정장 스타일로 전반적인 변화를 줬다. 얼마 지나지 않아 강의 의뢰가 10배 이상 늘었다는 기쁜 소식이 날아들었다.

옷을 신경 써서 입을 시간이 없거나 에너지를 쓰고 싶지 않다는 이유로 그냥 눈에 보이는, 편한 옷을 입는 사람도 있다. 비즈니스 현장에서 옷은 그 사람이 하는 말의 느낌까지 결정한다. 어떤 옷을 입고 있는지에 따라 같은 이야기도 전혀 다르게 전해질 수 있다. 스타일 변화를 통해 업무 성과가 늘고 주변의 반응이 호의적으로 바뀌었다는 고객들의 이야기를 거의 매일같이 간증처럼 듣는다. 스타일의 변화만으로 어떻게 그런 일이 생길 수 있느냐고 고개를 갸우뚱하는 사람도 있지만 이건 명백한 사실이다. 우리는 보이는 것으로 상대의 능력까지 평가하기 때문이다.

스타일은 첫 번째로 내미는 명함이다

....

"옷을 고르기 전에 오늘 내가 전하고 싶은 메시지부터 생각해 보세요."

스타일 수업을 듣는 사람들에게 주는 미션 중 하나다. 나는 매일 아침 옷을 입기 전에 어디를 가서 누구를 만나고 어떤 일을 할 건지 떠올려 본다. 내가 상대에게 전하고 싶은 메시지를 생각해 본다. 신기하게도 내가 원하는 메시지를 머릿속에 담으면 그 분위기가 그려진다. 옷장 문을 열면 입어야 하는 옷이 눈에 보인다(물론 옷장 속이 잘 정리되어 있어야 하겠지만). 만약 내가 청바지와 재킷으로 스타일링했다면 그날은 단정하면서도 캐주얼한 분위기를 함께 전하고 싶다는 의미다. 고상한 느낌의 슬랙스와 재킷을 입었다면 공식적인 자리에서 전문가다운 느낌을 주고 싶다는 의미다. 평상시 시크해 보이는 블랙 컬러의 의상을 선호하는 내가 당신을 만나는 날에 밝고 부드러운 컬러의 상의를 입었다면 그건 내가 유연한 느낌의 메시지를 전하고 싶었다는 의미로 해석해도 좋다.

부동산 컨설턴트와 작가로 활동 중인 40대 Y 씨는 자신의 블로그를 구독하는 사람들로부터 '글에서 전해지는 느낌이 왠지 강하고 직설적인 성격일 것 같다'라는 이야기를 자주 들었다. 그래서 그는 누군가와 처음 만날 때는 평소보다 더욱 밝고 우아한 스타일로 연출한다. 그것이 자신의 이미지 전략이라고 했다. 글을 보고 추측했던 강한 모습과는 다르게 부드러워 보이면 상대가 긴장을 풀고 안도감을 느끼기 때문이었다.

스타일은 의식적이면서도 무의식적인 자아의 표현이다. 스타일에는 자신의 성격과 취향, 라이프스타일은 물론 그날의 감정과 바람 등이 반영된다. 머레이비언의 법칙에 따르면 의사소통의 93퍼센트는 비언어적인 부분에서 이루어진다고 한다. 사회적 관계 속에서는 누구나 상대에게 전하고 싶은 이야기가 있을 것이다. 그 메시지가 내가 입은 옷 때문에 왜곡되지 않고 뜻한 대로 전달되도록 주의를 기울여야 한다.

아줌마 스타일, 아저씨 스타일이라고 하면 어떤 이미지가 떠오르는가? 스타일에는 전혀 관심이 없는 듯 전체적으로 정돈되지 않았거나, 위아래가 언밸런스하거나, 트렌드와는 한참 거리가 멀어 보이는 옷차림이 아닐까? 공통점은 자신의 모습을 크게 신경 쓰지 않는 듯이 보인다는 것이다. 사실 바쁜 일상에서 특별한 목적이 없다면 외모와 스타일에 관심을 기울이기가 힘들 수 있다. 하지만 내가 의도를 했든 안 했든 사람들은 내 모습에서 나를 판단한다.

외모로 상대의 모든 것을 판단하지 말라고 이야기하지만 우리는 여전히 눈에 보이는 것을 통해 보이지 않는 많은 것을 상상하고 추측한다. 사람을 많이 만나는 직업에 종사하는 이들의 "얼굴만 봐도 그 사람에 대해 어느 정도 알 수 있다"라는 말은 그리 허황된 이야기가 아니다.

홈쇼핑에 화장품을 공급하는 회사에서 상품기획과 유통을 담당하는 20대 후반의 J 씨는 화장품 회사에 다니는 사람이라고는 짐작되지 않을 만큼 지나치게 편해 보이는 옷차림에 메이크업을 거의 하지 않은 얼굴로 나를 찾아왔다. 최근 고객사의 주문량이 줄고 있다고 말하는 그에게 상품 담당자로서 스타일 관리에 좀 더 신경을 써보면 어떻겠느냐는 제안을 하자 "에이, 저희 제품 품질이 끝내주는데 제 외모가 무슨 상관이에요. 방송에서 소개하는 모델만 예쁘면 되는 거 아닌가요?"

라며 반문했다. 나는 앞으로 화장품과 미용기기 상품에 대한 홍보 일을 겸할 것이라는 그가 심히 걱정되었다.

혹시 이 이야기가 남의 이야기처럼 들리지 않는다면 외모 문제를 꼬집는 내가 너무나 가혹하게 느껴질지도 모르겠다. 하지만 스타일이 무너지면 커리어에서 자신의 능력을 제대로 발휘하기 힘들다. 만날 때마다 헝클어진 모습만 보여주는 상대에게 신뢰를 가지기란 어렵다. 당장 자기 경험부터 생각해 보라. 앞에 앉아 있는 상대방의 스타일이 부담스럽거나 비호감이라 느껴질 때 (마치 내가 속물처럼 느껴져도) 이미 '다른 면도 별로일 것이다'라고 판단하지 않았던가?

실제로 한 사람의 외모는 짧은 시간 안에 다양한 정보를 전달한다. 얼굴 표정이나 자세, 헤어스타일, 옷차림, 손톱 관리 상태만 봐도 그 사람의 마음이나 캐릭터를 짐작할 수 있고, 생활 습관이나 자기 관리 여부를 대략적으로 알 수 있다. 체형을 보고 식습관과 운동 습관을 추측하고 헤어스타일에서 성향과 감각을 읽어내기도 한다. 그러니 외모를 관리하지 않은 사람에 비해서 깔끔하게 외모를 관리한 사람의 말과 행동에 신뢰가 생기는 것은 인지상정, 너무나 자연스러운 일이다. 망가진 모습으로는 내가 얼마나 괜찮은 사람인지 설명하는 데 상당한 시간과 노력이 필요하지만 스타일을 잘 관리하면 그런 소모 비용을 줄일 수 있음은 물론 좋은 기회를 얻을 가능성도 높아진다.

당신이 주로 입는 옷이 당신을 말한다. 지금 어떤 옷을 입고 있는가? 스타일은 내가 소개하기도 전에 나를 말해주는, 가장 첫 번째로 내미는 '명함'이라는 사실을 기억하자.

타인과의 관계를 고려한 개인의 취향
....

"다른 사람이 저를 어떻게 보는지는 크게 관심 없어요."

이렇게 말하는 사람들 중에는 자신이 좋아하는 취향에 따라 개성 있는 스타일을 추구하는 부류가 있고, 집에서 입을 법한 아주 편한 스타일을 추구하는 부류가 있다. 전자는 대개 자신의 취향에 자부심이 있다. 후자는 옷을 고를 때 미적인 가치보다는 기능적인 편안함을 더 중요시한다. 둘 다 타인의 시선보다는 자신이 추구하는 가치를 우선한다는 공통점이 있다.

개인주의가 존중받는 시대에 타인의 시선을 고려하는 것은 때로는 개인의 자유로운 의사결정에 방해가 되는 일처럼 느껴지기도 한다. 하지만 스타일이 메시지라는 관점으로 생각해 볼 때 나의 취향에 따라 입은 옷이 나에 대해 잘못된 정보를 주거나 오해를 불러일으킨다면 어떨까? 나에게는 편한 스타일이 누군가에게는 촌스럽게 느껴지거나 심지어 불편을 줄 수 있다면 어떨까?

부동산 회사를 운영하는 50대 여성 L 씨는 젊은 시절부터 독특하고 개성 있는 스타일을 즐겼다. 카우보이 스타일의 가죽옷과 화려한 액세서리를 더한 패션에는 자신이 입고 싶은 대로 입는 것이 가장 좋다는 가치관이 그대로 드러났다. 문제는 L 씨가 부동산 정보 방송을 시작하면서부터 발생했다. 방송에 그리 적절하지 않은 옷차림이라는 피드백을 받았기 때문이다.

그는 나를 찾아와 항변하듯 말했다. "스타일은 개성이 가장 중요한 게 아닌가요. 모두 다 정장을 입고 방송해야 한다는 법은 없잖아요. 왜 제 옷차림을 가지고 문제 삼는지 모르겠어요. 그냥 개인의 취향으로 봐주면 안 되는 건가요." 그에게 방송에서 어떤 이미지로 인식되기를 원하는지 묻자 고급스러우면서도 지적인 이미지로 보여지고 싶다고 대답했다. 그러고 나서 좀 머쓱했는지 "제가 평상시 좋아하는 스타일로 입으면 방송에서는 제가 원하는 이미지와는 좀 다르게 보일 수 있겠네요."라며 스타일 변화에 대해 조언을 구했다.

MZ세대를 위한 온라인 서비스를 제공하는 스타트업 대표인 K 씨는 옷을 입을 때 타인의 시선을 의식할 필요가 없다고 느낀다. 조금이라도 갖춰 입은 느낌이 어색하고 낯간지러워 트레이닝복 바지와 후드티를 입는 게 습관이 되었다. 회사 직원들은 처음엔 편한 옷차림의 대표가 친근해서 좋았다. 하지만 나중엔 대표가 자신들을 너무 만만하게 보는 건 아닌지 의심스러워졌다고 했다.

나는 실용성과 편안함을 추구하는 K 씨의 취향을 반영해 팬츠는 통이 조금 넓은 와이드 진을 추천했다. 상의는 티셔츠를 입되 늘어지지 않는 소재에 감각적인 느낌의 프린트가 있는 것을 고르고 재킷형의 카디건을 입어서 편안하지만 신경을 쓴 느낌으로 연출했다. 직원들은 이제야 진짜 트렌디한 스타트업에서 근무하는 느낌이 든다며 그의 스타일 변화를 환영하고 적극 지지했다.

사회생활을 할 때 우리가 신경 써서 옷을 입는 것은 타인과의 소통을 위해서다. 아무도 보는 사람이 없다면 당신이 그 옷을 입을 이유가 없지 않은가. 만나는 대상을 고려하는 것은 옷을 입는 데 가장 기본이며 상대를 향한 예의이기도 하다. 내가 입는 옷은 상대에 대한 내 생각을 반영한다. 아주 친한 사이에서조차 그날 함께 무엇을 할 것인지에 따라 옷차림이 달라진다. 근사한 식당에 갈 건지 아니면 집 근처 공원에 갈 건지에 따라 스타일은 달라진다.

내 스타일이 오해를 사지 않으려면

....

내가 입은 옷은 내가 의도하든 의도하지 않든 나에 대해 많은 이야기를 전해준다. 아무 말이나 나오는 대로 하면 오해를 불러일으키는 것처럼 스타일로도 말해야 할 것이 있고 말하지 않아야 할 것이 있다. 오해를 부르거나 누구도 듣고 싶어 하지 않는 불필요한 이야기는 하지 않는 편이 좋다. 내가 입은 옷을 통해서 나 자신을 정확하게 표현할 수 있다면 내가 의도한 메시지도 더욱 효과적으로 전할 수 있다.

나는 강의가 있는 날에는 청중에 따라 스타일을 다르게 한다. 남성을 대상으로 강의할 때는 전문성 있고 카리스마 있는 느낌을 주려고 어두운색에 각이 잡힌 스트레이트 실루엣의 정장을 주로 입는다. 대상이 젊은 여성일 경우는 평소 내 모습에서 느껴지는 새침한 분위기에서 벗어나 편안한 이미지를 연출하려고 밝고 부드러운 재질의 셔츠와 스커트를 입는다. 패션이나 뷰티 종사자를 대상으로 강의할 때는 그들의 무드에 맞추기 위해 감각적인 이미지가 느껴지도록 최신 유행이 반영된 트렌디한 스타일을 연출한다.

퍼스널 쇼핑이 있는 날은 활동성을 고려해 스니커즈에 어울리는 룩을 생각한다. 하의는 대개 청바지나 슬랙스를 입는다. 겉에 재킷을 걸치는데 그날 만나는 고객의 나이에 따라 스타일의 분위기를 결정한다. 처음 만나는 고객이면 조금 더 갖추어진 느낌으로 입고 익숙한 사이라면 청바지에 티셔츠, 캐주얼한 재킷이나 셔츠 카디건으로 편안한 느낌을 연출한다. 내가 상대에게 어떻게 보이기 원하는지를 생각하고 상대의 눈에 비치는 내 모습을 먼저 생각한 차림이지만 옷의 컬러나 디자인은 오롯이 나의 취향을 반영해서 고른다. 내가 입은 옷이 나에 대한 메시지를 전한다는 걸 알기 때문이다.

스타일 수업을 진행할 때 수강생들에게 농담처럼 자주 하는 말이 있다. 옷을 잘 입기 위해서는 머리가 좋아야 한다고 말이다. 자신이 어떻게 보이는 게 좋을지 상황 파악이 되어야 하고 스스로를 객관적으로 볼 수 있어야 하기 때문이다. 밝은 이미지가 도움이 되는 상황에서 혼자 어두운 분위기로 나타난다든지, 차분한 분위기가 필요할 때 혼자 블링블링한 스타일로 나타난다면 아무리 자신에게 어울리는 스타일로 잘 입었더라도 현명한 사람이라는 이야기를 듣기는 어려울 것이다.

바비 토머스는 말한다. "자신의 외모와 이를 통해 세상에 전달하는 메시지에 만족할수록 더욱 자신감 있고 강해지며, 결국 행복해진다." 스타일은 나를 표현하는 언어다. 이제 옷을 사거나 고르기 전에 내가 전하고 싶은 메시지부터 정해보자. 외출하기 전 전신 거울 앞에서 나를 오늘 처음 보는 타인이라고 생각하고 내 모습을 관찰해 보라. 지금 당신이 입고 있는 옷은 어떤 이야기를 하고 있는가? 오늘 나를 만나는 사람에게, 그리고 함께 있는 사람들에게 전하고 싶은 메시지가 그대로 느껴진다면 성공이다.

지금 어떤 스타일의 옷을 입고 있는가? 상의와 하의의 컬러와
실루엣, 디자인과 가방, 신발 등 액세서리까지 구체적으로 묘사
해 보자.

_____

_____

_____

_____

위에서 묘사한 옷을 입은 사람은 어떤 분위기로 보일까? 어떤
일을 하는 사람으로 보일 것 같은가?

_____

_____

_____

_____

커리어에 세련됨을 더하라

기업의 신규 사업 설명회나 신기술을 소개하는 행사를 앞두고 무대에서 발표를 담당하는 임원의 스타일링을 의뢰받는 일이 자주 있다. 공통된 의뢰 내용은 튀지 않으면서도 세련되고 깔끔한 스타일로 만들어달라는 것이다. 사전에 해당 임원을 만나면 보수적인 분위기가 느껴지거나 스타일이 정돈되지 않은 경우가 많았다. 정장을 입던 기존 문화가 비즈니스 캐주얼이나 캐주얼 룩을 입는 문화로 바뀌면서 직장에서 어떻게 옷을 입어야 하는지 세세히 알려달라는 요청도 늘고 있다.

얼마 전 한 교육 컨설팅 회사 대표의 연락을 받았다. 누구보다도 훌륭한 성품에 방대한 지식을 가진 강사가 있는데 관리되지 않은 외모와 촌스러운 스타일 때문에 수강생이 강의를 기대하지 않는다는 사정이었다. 유달리 외모를 가꾸는 데에 관심이 없는 사람이라 어떻게 설득해야 할지 모르겠다며 스타일의 중요성을 일깨워 달라고 부탁해 왔다. 실제로 만나보니 브랜드 전략을 논하는 사람으로서는 어울리지 않게 올드하고 고지식해 보이는 인상이었다. 먼저 사람들이 기대하는 이미지를 인지시켜 주자 자신도 지적인 이미지로 변하고 싶다는 바람을 털어놓았다. 원래 쓰던 답답한 느낌의 두꺼운 뿔테에서 예리하고 분석적인 이미지를 더하는 금속 테로 안경을 바꾸고, 헤어와 옷차림을 댄디한 세미 정장 스타일로 바꿔 스마트한 분위기로 강의 내용과 외적 이미지에 통일감을 주라는 조언을 드렸다. 스타일 변화 이후 얼마 지나지 않아 강의에 대한 집중도와 인기가 급격히 상승했다는 뿌듯한 소식을 들을 수 있었다.

옷을 잘 입는 일이 별것 아니라고 생각하는 사람은 외모보다 '능력' 또는 '정신적 성숙'이 더 중요하다고 말하지만, 사실 능력이 뛰어나고 내면이 성숙한 사람들의 스타일이 그렇지 못한 사람들보다 더 정돈되어 있고 보기 좋은 경우가 많았다. 특히 매사에 열정을 쏟고 자기계발에 열심인 사람일수록 스타일 관리의 중요성을 간과하지 않았다. 그간 내가 만나왔던, 사회적으로 능력을 인정받고 평판이 좋았던 사람들 대부분은 첫인상에서부터 훌륭한 성품과 프로페셔널한 능력을 가늠케 했다.

출판사 대표 H 씨는 밝고 온화한 표정과 그만의 개성 넘치는 스타일로 긍정적인 에너지를 내뿜는다. 자신의 이목구비와 체형의 장점이 돋보이는 지적이고 고급스러운 분위기의 세미 정장을 입고 당당한 태도를 보여줬다. 그의 성공 비결은 굳이 말로 듣지 않아도 첫눈에 짐작할 수 있었다. 사람들이 그의 글과 말에 주목하고 신뢰를 느끼는 이유는 능력과 성품을 뒷받침하는 스타일 덕분이다. 단정한 용모 이상으로 일에서도 철두철미하며 성실한 태도를 갖추고 있다는 점은 관련 업계 사람들에게 이미 잘 알려진 사실이다.

주변 사람들에게 관리된 모습을 보여주는 것은 내가 늘 준비된 상태임을 알려주는 것과 같다. 어떤 일을 하든 내가 지닌 능력을 돋보이게 하는 데 스타일은 큰 역할을 한다. 그동안 스스로 외면보다 내면이 더 아름다운 사람이라 생각하며 관리하지 않은 자신의 모습에 안주했는가? 이제 사람들이 나의 내면을 알아봐 줄 것이라는 착각에서 벗어나자. 외적 매력을 키우면 당신이 가진 능력과 좋은 성품이 더욱 빛을 발할 수 있다. 현명한 사람은 커리어에 세련됨을 더한다는 사실을 기억한다면 매일 스타일을 관리하는 일이 이전보다 훨씬 더 즐겁고 내게 필요한 자기관리의 일환으로 다가올 것이다.

내 이미지는 어떤 스타일이기를 원하는가

....

"무엇이든 가능하다면 어떤 스타일로 보이고 싶나요?"

나를 찾아오는 수강생에게 필수로 하는 질문이다. 스타일 변화를 원하는 사람은 공통의 바람을 가지고 있다. 자신만의 매력을 잘 표현하고 다른 사람도 알아주길 원한다는 것이다.

"어떤 스타일을 원하시나요?"라고 물으면 대개 "저에게 잘 어울리는 스타일을 찾고 싶어요"라고 대답한다. 그런데 자신에게 잘 어울리는 스타일을 찾는 것보다 훨씬 더 중요한 것이 있다. 그건 바로 자신이 어떤 삶을 원하는지 그리고 그 삶 속에서 어떻게 보이고 싶은지를 아는 것이다.

그래서 나는 누군가가 "저는 어떤 헤어스타일이 잘 어울릴까요?" "저는 어떤 옷을 입어야 할까요?"라고 물으면 먼저 "어떤 이미지로 보이고 싶으세요?"라고 되묻는다. 그 사람의 현재 모습에 잘 어울리는 스타일을 골라주는 건 그리 어려운 일이 아니지만 그보다 각자의 이상적인 모습을 찾기를 바라기 때문이다. 자신이 원하는 삶 속에서 원하는 모습에 가까워졌다고 느낄 때 우리는 스스로에게 만족할 수 있다.

보통은 자신에게 잘 어울리는 어떤 이미지나 스타일이 고정되어 있다고 믿는다. 본래 부드러운 이미지의 소유자라면 차분하고 우아한 스타일이, 시크한 이미지라면 도시적이고 심플한 스타일이 어울린다. 하지만 현재의 모습과 어울리는지와 상관없이 마음속으로는 다른 이미지를 원하는 경우가 많다. 내가 만난 푸근하고 편안한 이미지의 J 씨는 스마트하고 지적인 이미지를 풍기고 싶다 말했고, 귀여운 이미지의 L 씨는 성숙하고 세련된 이미지를 원했으며, 얌전한 이미지의 K 씨는 독특하고 개성 있는 느낌을 주고 싶다고 말했다.

최근 나를 찾아왔던 30~50대 여성은 거의 모두가 '세련된 이미지' '전문성이 느껴지는 이미지' '당당하고 지적인 이미지'를 원했다. 아무래도 사회에 나와 일을 하며 능력을 인정받고 싶은 욕구가 크기 때문일 것이다. 하지만 막상 그런 이미지를 제안하면 낯선 스타일에 지레 겁을 먹는다. 그러나 내가 바라는 삶에 도움이 되려면 지금 처한 상황에서 어떤 이미지로 보이는 게 유리한지, 나에게 진정으로 어울리는 모습이 무엇인지 복합적으로 고려해야 한다.

금융 자산관리사로 일하고 있는 40대 남성이 지인의 소개로 나를 찾아왔다. 자신을 가꾸는 것이 취미라고 할 정도로 외모와 스타일에 관심이 많았다. 그의 스타일에는 특징이 있었는데 모든 옷과 액세서리에서 명품 브랜드의 로고가 두드러졌다. 큰 키에 건장한 체격의 그가 각종 명품 브랜드의 옷을 조합해서 입으니 다소 음지에서 일하는 사람처럼 느껴졌다.

"대표님은 어떤 분이신가요?"

"저는 선하고 부드러운 사람입니다."

"지금 하시는 일을 고려했을 때 어떤 이미지로 느껴지면 도움이 될까요?"

"부드럽고 지적인 이미지로 보이고 싶어요. 신뢰감이 느껴지면 더 좋겠고요. 사실 건달 같다는 이야기도 들은 적이 있어서 변화를 주고 싶습니다."

"그럼 의상의 콘셉트를 '부드러우면서 신뢰감이 느껴지는 이미지'로 잡아보면 어떨까요?"

그의 퍼스널 컬러를 고려하여 차분한 웜톤 컬러의 의상을 골랐고 니트 소재의 상의와 모직 팬츠로 부드럽게 느껴지도록 연출했다. 물론 어떤 옷에서도 로고가 드러나지 않는 국내 브랜드의 의상을 골랐다.

자연스럽게 기존에 입던 옷은 정리했다. 최소 1년 이상 퍼스널 쇼핑 컨설팅을 받으며 새로운 스타일을 만들어보기로 했다. 그는 자신의 성격이 스타일에서도 드러나니 고객의 신뢰가 높아지고 대화할 때도 훨씬 더 안정감이 느껴진다고 했다.

결국 내가 보여지는 모습은 스스로 결정하는 것이다. 이제는 그냥 좋아 보이는 스타일이 아니라 진짜 원하는 콘셉트를 생각해 보자. 내가 어떤 이미지를 그리는지에 따라 보이는 모습 역시 달라질 수 있음을 인지하는 것부터가 스타일 변화의 출발점이 된다.

내가 원하는 콘셉트의 스타일을 연출하기 위해 노력하는 것은, 내가 되고 싶은 진정한 모습을 알고 상황에 맞게 표현하도록 스스로를 교육하는 것이다. 콘셉트를 구체적으로 그리지 않으면 내 옷차림은 내가 원하지 않는 이야기를 전할 수도 있다. 이제 내가 원하는 모습을 그대로 스타일에 담아보자. 스타일을 결정하는 건 오직 우리 자신에게 달려 있다.

주위에 커리어로 능력을 인정받거나, 성공한 사람을 떠올려 보자. 그 사람의 스타일은 어떠한가?

_____

_____

_____

앞서 떠올린 스타일에서 내가 참고해서 바꿔볼 수 있는 부분이 있다면 무엇인가?

_____

_____

_____

당신의 스타일이 커리어에 도움이 되려면 어떻게 입어야 할까?

_____

_____

_____

옷 잘 입는 사람들의 비밀

우리는 저마다 다른 몸과 얼굴을 가지고 있다. 당연히 어울리는 스타일이 다를 수밖에 없다. 그런데 나에게 어울리는 옷을 고르고 입는 법을 배워본 적이 있는가? 옷이 자신을 표현하는 중요한 수단임에도 옷을 입는 법을 어디에서도 가르쳐주지 않는다는 게 참 이상하지 않은가?

스타일 수업을 하면서 의외로 자기 체형의 특징을 제대로 알지 못하는 사람이 많다는 사실을 눈치챘다. 매일 보는 몸인데도 말이다. 더욱이 자신의 몸을 제대로 들여다보고 어떻게 보완하면 좋을지를 생각하는 사람은 극소수였다.

옷을 잘 입고 싶다는 생각을 하는 사람은 많지만 막상 옷을 잘 입는 일은 생각처럼 쉽지 않다. 너무 당연한 이야기이지만 옷을 잘 입으려면 나를 먼저 알아야 한다. 자신의 매력을 자신 있게 드러내기 위해서는 남들과는 다른 나만의 전략이 필요하다.

강의를 들으러 온 30대 후반의 한 여성은 자신의 체형을 잘 몰라서 옷을 어떻게 입어야 할지 모르겠다며 스타일에 대한 조언을 구했다. 상체가 하체보다 크고 어깨가 넓은 유형이었는데 다리 라인이 드러나는 스키니한 팬츠에 가로줄이 그어진 무늬가 있는 두꺼운 소재의 맨투맨 티셔츠를 입고 있어서 체형의 단점이 고스란히 드러났다. 그 옷을 고른 이유를 물어보니 그냥 편해서 입었다는 대답이 돌아왔다. 목선이 드러나는 브이넥 셔츠에 여유 있는 핏의 와이드 팬츠를 입어보라 했더니 그런 옷이 옷장에 없을뿐더러 한 번도 입어본 적이 없다고 했다.

설사 나에게 잘 어울리는 스타일을 알고 있다고 해도 그 스타일대로 입는 것은 또 다른 문제다. 새로운 스타일을 시도할 마음의 준비는 물론, 그에 맞는 옷장에 준비되어 있어야 하고 충분한 시뮬레이션을 거쳐 나에게 어울리는 조합을 필요한 때에 연출할 수 있어야 하기 때문이다.

머릿속에 떠오르는 생각을 여과 없이 표현한다고 말을 잘하는 것이 아니듯 나의 체형을 그대로 보여준다고 옷을 잘 입는 것은 아니다. 우리의 몸은 해마다 달라진다. 아니 하루가 다르게 변하기도 한다. 내가 하루를 어떻게 보내는지에 따라 피부도 몸의 상태도 수시로 달라진다. 내 몸의 변화를 느끼면서 오늘의 상태에 맞는 옷을 골라 입는 행위는 하루를 기분 좋게 시작하는 데 분명 도움이 된다. 옷을 입고 거울 앞에 선 모습이 옷을 입기 전보다 훨씬 더 좋아 보인다면 기분이 어떨까? 자신감과 활력이 더 생길 것이다.

옷을 잘 입으려면 나의 신체적 특징과 상황을 고려하고 어울리는 스타일을 찾아 준비해 놓은 다음 실제로 입어보는 연습을 해야 한다. 더 나은 모습으로 성장하는 삶을 살고 싶은 사람에게는 자신을 관리하고 표현하는 능력이 필요하다. 내가 입은 옷이 나의 기분과 활동 영역에도 영향을 미친다. 나를 돋보이게 하는 매력적인 스타일은 언제나 준비와 연습이 필요함을 잊지 말자.

패션 트렌드에 대한 관심이 감각을 만든다
....

우리가 세련되었다고 느끼는 감각은 어디서 비롯되는 걸

까? 그저 깔끔하고 심플하면 되지 않냐고 생각하는 사람도 있겠지만 알고 보면 그 깔끔하고 심플한 스타일에도 시대에 따라 유행이 반영된다.

유행은 돌고 돈다는 이야기가 있지만 사실 유행은 늘 이전과 다르게 돌아온다. 한때 거의 전 국민이 입었다고 해도 과언이 아닌 옷 중에 스키니진이 있었다. 당시에 유행했던 스타일은 밑위가 짧고 아래로 갈수록 좁아지는 핏이었는데 수년간 스키니진은 종적을 감추었고 최근 몇 년 동안은 와이드핏이 크게 유행했다. 설사 다시 스키니진이 유행하더라도 허리 라인의 위치나 디자인은 과거와 사뭇 달라질 것이 분명하다.

패션 트렌드에 관심이 없는 사람들이 흔히 하는 실수가 있다. 그건 바로 예전에 유행했던 핏과 디자인의 옷을 입는다는 것이다. 패션 감각이라는 것은 트렌드와 아주 밀접한 관련이 있다. 옷을 잘 입기 위해서 모든 유행을 따라 하라는 것은 결코 아니지만, 어떤 스타일이 현재 시장에 반영되고 있는지 아는 것은 중요하다. 한때 옷에 관심이 많고 스타일 좋다는 칭찬을 들었던 사람일지라도 트렌드에 관심이 멀어지면 패션 감각은 뒤처진다.

옷을 잘 입기 위해서는 옷을 잘 입은 느낌이 어떤 것인지를 알아야 한다. 다양한 스타일을 관심 있게 지켜보고 분석하면 현재 유행하는 다양한 의류 아이템, 적절한 핏, 색상, 패턴, 소재, 액세서리를 조합하는 방법에 관한 정보를 얻을 수 있다. 요즘 유행하는 감성에 따라 어떤 스타일이 좋아 보이는지에 대한 패션 감각이 생긴다.

패션 감각을 좀 더 발달시키고 싶다면 요즘 좋아 보이는 스타일을 많이 보는 것에 더해 반드시 자신에게 적용하는 연습을 해야 한다. 새로운 트렌드를 직접 입어보고 자신의 개성과 장점을 돋보이게 하는 스타일을 발견하는 것이다. 자신의 취향과 트렌드를 적절히 조합한 스타일 감각이 생기는 것이다.

최근 인터넷에서 나이대별로 사용하는 언어가 다르다는 기사를 본 적이 있다. 자주 쓰는 말투와 단어들로 나이대를 가늠하는 것과 같이 옷을 보고도 그 사람의 나이대가 짐작될 때가 자주 있다. '아, 저 스타일은 그때 유행했던 패턴이네. 저런 핏은 요즘 거의 입지 않는데.' 경제적인 부분을 따지는 사람에게 이런 이야기는 부담이 될 수 있겠지만 언제나 우리에겐 선택의 권한이 있다. 트렌드에 관심을 가지고 감각을 익히고 나에게 맞게 적용할 것인지 아니면 눈을 감고 기존의 스타일을 고수할 것인지 말이다.

요즘 눈에 띄는 트렌드의 패션 아이템은 무엇인가? 매장이나 온라

인 쇼핑몰에서, 혹은 거리에서 자주 눈에 띄는 아이템이 있는지 떠

올려 보자.

_____

_____

그중에서 아직 시도해 보지 못한 옷이 있다면 어떤 걸 시도해 보고

싶은가? 백화점이나 매장에서 시착해 봐도 좋다.

_____

_____

내 체형을 분석해 보고, 체형의 장점을 강화하고 단점을 보완하는

스타일을 시도해 보자.

_____

_____

_____

입을 옷이 없다는 말의 진짜 의미

해가 바뀔 때마다 입을 옷이 없다는 괴로움을 호소하는 사람들을 자주 만난다. 지금까지 자신이 대체 무슨 옷을 입고 다녔는지 모르겠다며 말이다. 물론 옷장에 입을 옷이 정말 하나도 없다는 뜻은 아니다. 그렇다면 입을 옷이 없다는 말의 진짜 의미는 무엇일까?

쇼핑이 취미라고 말하는 30대 직장인 여성 K 씨. 길을 지나가다가도 쇼윈도에 마음에 드는 스타일이 보이면 꽂혀서 옷을 사는 편이다. 회사 일로 스트레스가 쌓일 때면 홈쇼핑 채널을 보다가 모델이 입은 옷이 괜찮아 보이면 바로 결제한다.

백화점에 갔다가 세일 코너가 있으면 꼭 들러서 옷을 구입한다. 그렇게 사 모은 옷이 꽤 많아졌다. 옷장을 열면 꽤 다양한 스타일이 섞여 있을 정도다. 하지만 회사에서 중요한 발표나 외부 미팅이 있는 날에는 뭘 입을지 몰라 옷장 앞에서 한참을 망설인다. K 씨는 평상시에 편하게 입을 옷은 많지만 격식을 갖춰야 할 날에는 제대로 핏이 떨어지는 옷이 없다는 생각이 든다고 고백했다.

사이즈가 맞지 않는 옷. 집 앞에서는 편하게 입지만 누군가를 만나러 갈 때는 초라해 보이는 옷. 디자인은 예쁘지만, 혹은 비싸게 주고 샀지만 나에게는 왠지 어울리지 않는 옷. 너무 차려입은 느낌이 나서 딱히 입고 갈 데가 없는 정장….

사실 입을 옷이 없다는 말은 내가 원하는 분위기에 맞는 옷이 없다는 뜻이다. 나를 매력적으로 보여주는, 내 모습이 마음에 들게 하는 옷이 없는 것이다. 직장인이라면 일터에서 적당히 세련되고 업무 분위기에 어울릴 만한 옷이 없다는 뜻이-고, 주부라면 모임에서 초라해 보이지 않고 날씬해 보이는 옷이 없다는 뜻일 거다.

어느 날 옷장에서 꺼내 입은 옷이 예전과 다르게 사이즈가 맞지 않는다고 느껴질 때도 입을 옷이 하나도 없다는 생각이 들 것이다. 편안하게 캐주얼한 옷이 필요한데 정작 옷장에는 각 잡힌 정장만 있다면 입을 옷이 없다고 느낄 수 있다. 반대의 경우도 마찬가지다.

옷장에 옷이 터질 듯이 많다고 해도 입을 옷이 없다고 느끼는 이유는 옷장 속에 자신의 상황에 맞는 스타일이 충분하지 않기 때문이다. 그저 편하게 입는 옷이나 특별한 날을 위해 산 옷, 순간의 기분에 이끌려 산 옷으로 옷장을 채워서다.

입을 옷으로만 옷장을 채우는 방법
....

입을 옷이 충분하다고 느끼려면 어떻게 해야 할까? 일단 주로 시간을 보내는 장소에서 입을, 나에게 어울리면서 내가 원하는 분위기에 적합한 옷이 충분해야 한다. 구체적으로 어떤 스타일의 옷이 필요하고 무엇을 살지 면밀한 계획이 필요하다.

직장에서 입을 세미 정장과 캐주얼한 옷이 필요하다고 하면, 한 계절에 해당하는 옷을 입는 날은 약 3개월, 평균 60일 정도다. 내가 주로 입는 스타일에 대한 계획을 계절별로 세워보며 얼마나 자주 입을지 가늠해 보자. 스커트와 바지 중 무엇을 주로 입을지 따져보고 집에 있는 옷을 확인하면 어떤 하의가 추가로 필요한지 알 수 있다.

내가 원하는 모습으로 연출해 주는 옷으로 옷장이 채워지면 어떤 옷을 입어도 다 괜찮겠다는 생각이 든다. 나도 한때 거의 매일 쇼핑하면서도 늘 입을 옷이 없다고 느꼈다. 그도 그럴 것이 내가 사는 옷은 늘 비슷한 컬러와 디자인이었다. 내가 어떻게 보이고 싶은지, 어디에서 그 옷을 입을지 뚜렷한 목적 없이 내키는 대로 옷을 샀기 때문이다.

그러던 어느 날 비슷한 스타일의 옷으로 옷장이 가득 찬 걸 보고 이대로는 안 되겠다는 생각이 들었다. 내 일상을 세세히 들여다보며 진짜 내게 필요한, 입고 싶은 스타일을 구체화했다. 과거에 좋아하는 스타일이었던 나풀거리는 원피스는 정작 평소에 입을 날이 별로 없었다. 트렌디하고 캐주얼한 옷을 가장 많이 입는 나에게 제일 필요한 옷은 바로 유행하는 디자인의 청바지와 셔츠였다. 너무 편한 분위기의 루즈한 카디건과 후드 티는 지금 있는 것으로 충분했기에 쇼핑 목록에서 사라졌다.

옷을 살지 여부를 이성적으로 판단하자 기분에 따라 사던 옷을 더 이상 무분별하게 사지 않게 되었다. 이제는 예전처럼 자주 쇼핑하지 않아도 옷장을 열면 나에게 필요한 옷이 충분히 있다고 느껴진다. 내가 어떻게 보이고 싶은지를 분명히 알고 그에 알맞은 옷을 충분히 갖췄기 때문이다.

나는 어떤 모습을 보여주고 싶은가? 내가 진짜 원하는 스타일은 무엇인가? 내가 어떻게 보이고 싶은지를 모른다면, 그런 나에게 필요한 옷이 무엇인지 모른다면, 아무리 옷을 사도 여전히 입을 옷이 없다고 느낄 것이다.

입을 옷이 없다고 툴툴거리기 전에 지금의 나에게 필요한 옷부터 구체화해 보자. 그리고 작성한 목록에 따라 하나씩 차곡차곡 옷장을 채워보자. 어느덧 '왜 이렇게 입을 옷이 없지'라는 말은 사라질 것이다. '오늘은 어떤 스타일로 나를 표현해 볼까'라는 행복한 고민에 빠질 것이다. 옷을 고르는 선택의 시간이 줄어듦은 물론 옷을 입은 내 모습을 보며 더욱 자신감이 생길 것이다.

스타일
체크포인트

한 주 동안 나의 스케줄을 살펴보고 원하는 스타일을 떠올려 보자.

월:
_____

화:
_____

수:
_____

목:
_____

금:
_____

토:
_____

일:
_____

그 스타일을 연출하기 위해 필요한 옷의 목록을 구체적으로 작
성해 보자.

_____

_____

_____

어울리는 스타일과
좋아하는 스타일은 다르다

내가 좋아하는 사람이 나와 잘 맞으면 좋겠다는 바람이 있었다. 어느 날 내가 좋아하는 사람이 나와는 잘 맞지 않을 수도 있다는 사실을 깨닫고 한동안 마음이 참 아팠다. 내가 좋아하는 것과 나와 잘 맞는 것은 다를 수도 있음을 그때 처음 알았다. 쇼핑을 수없이 거듭하며 내가 입는 옷도 마찬가지라는 걸 발견했다. '내가 좋아하는 스타일의 옷이 나에게 어울리지 않을 수도 있겠구나.' 이를 깨닫고 받아들일 때까지 수많은 시행착오를 거쳐야 했다.

"좋아하는 스타일이 자신에게 전혀 어울리지 않는 걸 알게 되어도 그 옷을 입으시겠어요?" 내가 강의를 할 때마다 묻는 단골 질문이다. 대부분은 고개를 저으며 "나에게 어울리지 않으면 입지 않을 거예요"라고 대답한다. 하지만 대답과는 달리 막상 쇼핑을 할 때면 어울리지 않는다는 걸 알고도 좋아했던 스타일에 눈길을 주며 미련을 거두지 못하는 사람이 많았다. 자신에게 썩 어울리지 않는 걸 알고 나서도 혼자 쇼핑하면 여전히 좋아하는 스타일을 자기도 모르게 산다는 고백도 꽤 자주 들었다.

사실 나도 과거엔 좋아하는 스타일에 대한 미련을 버리지 못했다. 몸매가 드러나는 섹시한 옷을 좋아했었다. 하체가 통통한 나에게는 어울리지 않을 게 뻔했던 가죽 스키니진, 마른 상체를 더 왜소해 보이게 하는 딱 붙는 티셔츠를 즐겨 입었다. 어쩌다 가까운 지인이 그 옷은 좀 아닌 것 같다고 말해도 '나를 잘 알지도 못하면서…'라고 생각하며 꿋꿋이 입고 다녔다.

한때는 독특하고 화려한 옷을 좋아해 색이 눈에 띄거나 소재가 특이하면 자석처럼 끌려서 사곤 했다. 나의 키나 체형을 고려하기보다는 옷이 지닌 이미지에 끌렸다. 당시엔 내가 좋아하는 스타일이 나에게 잘 어울릴 거라 믿었다. 아니 믿고 싶었다. 오래도록 패션을 공부하고 누구보다 옷에 관심이 많던 사람인데도 스스로를 객관적으로 보는 데는 한계가 있었다.

사람이든 옷이든 나에게 어울리는지 아닌지를 어떻게 알 수 있을까? 만고의 진리지만 먼저 나를 알아야 한다. 나를 제대로 바라보면서 지금의 내가 어떤 사람인지, 앞으로 어떤 모습으로 살고 싶은지를 탐색해야 한다.

나의 성향과 성격, 그리고 하는 일에 따라 내가 만나는 사람도, 내가 입는 옷도 달라진다. 그러니 덮어두고 좋아 보이는 스타일을 좇을 것이 아니라 나를 먼저 정확히 알아야 한다. 우선 내 퍼스널 컬러와 체형의 특성을 살펴보았다. 그다음 내가 주로 시간을 보내는 곳을 돌아보니 대체로 사무실 혹은 강의장이었다. 원하는 이미지는 감각적이고 지적인 분위기라는 걸 인지하면서부터 그동안 내가 좋아했던 섹시하고 화려한 스타일이 내 생활 반경에는 맞지 않는다는 걸 깨달았다.

키가 작고 왜소한 체형의 40대 여성 L 씨는 함께 쇼핑할 때마다 키가 큰 사람에게 어울리는 롱코트에서 눈을 떼지 못했다. 너무 긴 기장의 옷은 작은 키를 더 작아 보이게 한다는 것을 여러 차례 말해줬음에도 롱코트의 시크한 분위기를 마음속으로 동경했기 때문이다. 나는 그에게 롱코트를 입었을 때와 키에 맞는 적당한 기장의 코트를 입었을 때의 사진을 찍어 비교해서 보여줬다. 그러자 자신이 상상했던 분위기와는 거리가 멀다는 걸 알게 되었다며 다시는 그렇게 긴 기장의 옷을 입지 않겠다고 했다. 막연히 좋아했던 모습이 정말 자신이 원하는 모습은 아니라는 것을 깨달았다며 말이다.

좋아하는 스타일과 어울리는 스타일에 차이가 생기는 이유는 무엇일까? 좋아하는 스타일은 본능에 이끌리듯 관심이 가면서 따라 입고 싶어진다. 편한 스타일을 좋아하는 사람들이 대개 편한 옷을 입는 이유다. 어울리는 스타일은 내가 처한 상황에 맞고 얼굴과 체형을 돋보이게 한다. 아무리 패셔너블한 스타일이라도 이목구비의 매력이 드러나지 않고 체형의 밸런스가 좋아 보이지 않으면 내게 어울리지 않는 옷이다.

자신의 모습을 잘 알지 못할수록 의외로 한 번도 시도하지 않은 스타일이 잘 어울릴 가능성이 높다. 좋아하는 건 독특하고 개성 있는 스타일인데 어울리는 쪽은 단아하고 심플한 스타일일 수도 있다. 귀엽고 밝은 분위기의 캐주얼 스타일을 좋아하지만 클래식하면서 도시적인 스타일이 훨씬 잘 어울릴 수도 있다.

강의에서 자신에게 꼭 어울리지 않더라도 좋아하는 스타일을 입고 싶을 때가 있는데 충분히 시도해 볼 수 있지 않느냐는 질문을 받았다. 내 대답은 스타일은 개인의 선택에 달려 있으니 좋아하는 스타일을 얼마든지 시도할 수 있다는 것이었다. 다만 어울리지 않는 옷을 입은 모습이 정말 자신이 원하는 이미지인지는 생각해 보라고 말했다. 중요한 건 현재의 내가 원하는 것일 테니 말이다.

퍼스널 쇼핑을 의뢰했던 한 40대 공무원 여성은 귀엽고 로맨틱한 스타일을 좋아했다. 골격이 다소 큰 편이라 아쉽게도 완전히 어울리는 스타일은 아니었다. 직장에서 원하는 이미지와 체형을 고려해서 부드러운 컬러와 소재를 활용한 우아한 스타일을 제안했다. 너무 귀여운 곡선형의 스타일은 체형의 장점을 살리지 못했다. 디자인이 심플하면서 이지적인 분위기를 연출하는 배색이면 좋겠다고 조언했다.

쇼핑에서 내가 제안한 스타일을 경험한 후 그는 정말 자신에게 어울리는 스타일이 무엇인지 알았다고 했다. 자신의 직업과 업무 환경에 맞는 스타일이 필요했는데 그저 좋아하는 스타일에 갇혀서 정작 자신에게 어울리는 스타일은 알아보지 못했다고 말이다. 체형과 퍼스널 컬러는 물론 자신을 둘러싼 환경을 고려하는 것이 정말 자신에게 어울리는 스타일을 찾는 과정임을 이해하게 되었다는 진솔한 후기를 들려줬다.

원하는 스타일이 어울리지 않을까 봐 걱정된다면

....

수강생들과 함께 쇼핑을 가기 전에 자신이 원하는 스타일을 구체적으로 찾아보라는 과제를 낸다. 이때 자주 나오는 질문이 있다. "제가 원하는 스타일이 혹시 저에게 어울리지 않으면 어떡하죠?" 나의 답은 이렇다. "나에게 잘 어울리는 스타일에는 조건이 있어요. 퍼스널 컬러에 맞고 내 체형을 보완해 주면 대부분 어울리죠. 우리가 처한 상황에 따라 어울리는 스타일은 달라질 수 있어요. 헤어스타일에 따라서도 달라지고요. 희망적인 건 퍼스널 컬러와 체형을 고려해서 옷을 고르면 어떤 스타일이든 자신에게 어울리게 연출할 수 있다는 거예요."

핑크색은 자신에게 어울리지 않는다고 믿어서 쳐다도 보지 않았던 30대 여성이 있었다. 퍼스널 컬러로 따뜻한 핑크가 베스트라는 걸 알게 된 후 그 컬러의 상의를 시도했다. 그다지 좋아하는 분위기가 아니었기에 처음엔 눈을 꼭 감고 입었다고 한다. 그런데 주변의 반응이 너무 좋았다. 인상이 밝고 부드러워 보인다고 했다. 이전엔 다소 딱딱해 보인다는 말을 들었던지라 주변 사람들의 호응에 생각이 달라졌다. 얼마 전 통화에서 그는 웃으며 말했다. 어느덧 핑크를 좋아하게 된 자신을 발견했다고 말이다.

지금까지 내가 좋아한다고 생각했던 스타일이 사실은 나에게 전혀 어울리지도, 도움이 되지 않았을 수도 있다. 우리의 감정과 이성은 전혀 다른 이야기를 할 때가 자주 있으니 말이다. 그냥 마음이 가는 스타일이 아닌, 그동안 시도해 보지 않았지만 잘 어울리는 스타일이 있을지 관심을 갖고 계속 찾아보자. 새로운 스타일을 입고서 무엇을 경험하는지에 따라 이전과 생각이 달라지기도 한다. 자신에게 어울리는 새로운 스타일을 좋아하게 될 것이다.

스타일을 업데이트해야 할 때

....

"저는 몸의 라인이 드러나는 스타일이 잘 어울린다는 이야기를 들어요. 허리가 강조된 원피스를 입는 게 제 매력을 돋보이기에 좋지 않을까요?"

"예전부터 클래식한 정장을 입는 게 좋아 보인다는 이야기를 듣곤 했어요. 조금 캐주얼한 분위기의 옷을 입고 싶기는 한데 왠지 어색해서 정장을 주로 입는 편입니다."

과거에 잘 어울린다는 평가를 들었던 스타일을 고수하는 사람들이 있다. 익숙한 스타일이 안전하다고 생각하기 때문이다. 그런 이유로 한 번도 입어보지 않았거나 시도하지 않은 스타일은 자신과 어울리지 않는다고 생각하고 보수적인 태도를 보이는 사람이 많다.

하지만 중간 이상은 하리라는 기대와 다르게 과거의 스타일을 고수하는 것은 의외로 촌스러워지는 지름길이 될 수 있다. 현재 자신의 상황과 무드가 반영되지 않는다면 체형과 퍼스널 컬러가 맞아도 별로일 수 있다. 그 사람의 상황에 맞지 않거나 트렌드와 거리가 먼 옷을 입은 사람을 보고 그 옷이 잘 어울린다고 느끼기는 어렵기 때문이다.

몇 년 전에 잘 어울린다는 이야기를 들었던 블라우스를 최근에 꺼내 입었다. 거울 앞에서 그 옷을 입은 나를 보니 예전만큼 잘 어울리지 않았다. 체형이 크게 달라지지 않았어도 그 옷의 디자인이 요즘 감성과는 거리가 멀어졌기 때문이다.

사실 잘 어울리고 세련되었다고 느끼는 감각은 트렌드에 따라서 조금씩 달라지기 마련이다. 패션은 끊임없이 진화한다. 한때 유행했어도 현재의 미적 감각이나 트렌드와 일치하지 않으면 시대에 뒤떨어져 보인다. 실루엣, 색상, 심지어 소재도 시간이 지남에 따라 선호도가 달라진다. 아무리 잘 어울렸어도 과거의 스타일을 고수하면 현재 트렌드와 단절되어 보인다.

J 씨는 수년 전 아웃렛에서 명품 정장을 구입했다. 고가의 브랜드라 크게 할인받았어도 일반 브랜드보다 다소 비싼 가격에 산 옷이라 애정이 남달랐다. 몸에 잘 맞게 수선까지 했으니 한동안은 정장에 대한 고민을 덜었다고 생각했다. 하지만 안타깝게도 정장을 입을 일이 좀처럼 생기지 않았다. 얼마 전 결혼식에 참석하려고 정장을 꺼냈는데 거울에 비친 모습이

어쩐지 어설프게 느껴졌다. 직장 동료에게 자신의 스타일이 어떤지 물어보자 전체적인 핏이 요즘 스타일과는 꽤 차이가 있다는 답변이 돌아왔다.

옷을 잘 입고 싶다면 스타일에도 업데이트가 필요하다. 개인의 바람, 생활 방식, 심지어 신체 사이즈도 시시각각 달라지기 때문이다. 과거의 나와 지금의 나는 전혀 다른 사람일 수 있다. 한때 자신의 몸에 완벽하게 맞는다고 여겨졌던 스타일이 지금은 나를 불편해 보이게 할 수도 있다. 스타일은 현재 라이프스타일과 연결되어야 한다. 대학 시절에 적합한 스타일이 회사 업무 현장의 기대치와는 일치하지 않을 수 있다. 직업, 사회생활 또는 개인적인 관심사가 바뀌었다면 한때 나의 삶에 딱 맞던 옷은 더 이상 내가 누구인지, 무엇을 하는지 반영하지 못한다. 시간이 지남에 따라 인생에서 다양한 역할을 맡게 되고 성격과 취향이 달라진다. 스타일도 우리의 성장과 새로운 삶의 목표를 반영하도록 함께 발전해야 한다.

패션은 자신을 재창조하는 강력한 도구다. 나 자신을 이전과는 다른 관점으로 바라볼 때 스타일도 달라진다. 현재의 자신을 파악하고 스타일의 변화로 내면과 외면을 한 단계 끌어올려 새로운 내 모습을 발견해 보자.

스타일
체크포인트

그동안 내가 좋아하던 스타일을 생각해 보자. 옷장 안에 많이 있거나 옷을 살 때 자꾸 눈길이 가는 스타일은 무엇인가?

주변에서 잘 어울린다는 말을 들었던 스타일이 있다면 무엇인가?

요즘 유행하는 스타일 중 아직 안 입어본 것은 무엇인가? 그중 내 체형에 어울릴 것 같은 스타일이 있는가? 매장에서 직접 입어 봐도 좋다.

'꾸민 듯 안 꾸민 듯'한
함정에 빠지지 말 것

어떤 스타일을 원하냐고 물으면 '심플하고 세련된 스타일'을 원한다고 대답하는 사람이 많다. 너무 꾸민 듯 차려입은 느낌보다는 그저 자연스럽게 멋스러워 보이는 이른바 '꾸안꾸' 느낌을 선호한다. '꾸안꾸'는 '꾸민 듯 안 꾸민 듯'의 줄임말로 2019년 후반부터 인터넷 유행어로 쓰인 신조어다. 흔히 '세련되게 연출한 일상 패션'을 의미한다. 갖추어 입은 정장이나 화려하게 꾸민 스타일과는 달리 그저 툭 걸친 듯이 보인다.

빈틈없이 꾸민 것 같은 스타일은 사실 그다지 멋지지 않다. 어느 남자 연예인은 예능 프로그램에서 트렌드에 민감한 남자가 되고 싶다며 온갖 유행 아이템으로 꾸미고 다니는 모습이

나왔는데 패널들이 부담스럽다고 평하기도 했다. 누가 봐도 머리부터 발끝까지 힘을 주어 멋을 부렸다고 여겨지는 스타일은 일상을 살아가는 보통 사람들에게 거리감만 줄 뿐이다.

사람들이 '꾸안꾸'를 선호하는 이유는 무엇일까? 바로 편안하고 자연스러워 보이기 때문이다. 옷장에 걸려 있던 옷을 무심하게 입은 것 같은데 '어딘지 모르게' 세련되어 보여서다. 여기서 많이들 오해하는 것이 있다. 사실 '어딘지 모르게'라는 말에는 이미 보통 사람들에게는 잘 보이지 않는 세련된 요소가 숨겨져 있다는 점이다. 그래서일까. 그런 스타일의 사진을 보여달라고 하면 이미 자신의 옷장에 충분히 있을 법한 스타일을 골라서 보여준다. "이 옷을 연예인이나 모델이 아닌 평범한 사람이 입어도 세련돼 보일 것 같나요?"라고 물으면 잠시 주저하다가 대개는 고개를 젓는다. 얼굴을 빼고 옷차림을 보니 세련된 느낌보다는 너무 루즈하고 평범해 보일 것 같아서다.

자연스럽게 세련된 모습엔 치밀한 계산이 필요하다
....

우리는 특별한 행사에 참석하는 날이 아니라면 화려하게 힘을 준 메이크업보다 일상에 어울리는 자연스럽고 은은한 메이크업을 선호한다. 그런데 알고 보면 자연스러운 메이크업에 더 많은 공이 들어갈 때가 있다. '꾸안꾸' 스타일도 마찬가지다. 전체적인 매무새나 조화를 생각하지 않고 그냥 편한 옷을 입으면 집에서 입던 옷 그대로 나온 것처럼 보일 뿐이다. 어느 한 곳이라도 부자연스럽거나 깔끔하지 않으면 어수룩하고 촌스럽게 보일 수 있다. 편안한 세련됨을 제대로 구현하려면 자신에게 어울리는 스타일에 대한 이해는 물론 보이지 않는 노력이 필요하다. 많은 사람의 로망인 '청바지에 흰 티만 입어도 스타일리시해 보이는 패션'이나 '화장을 하지 않았는데 깨끗하고 투명한 피부' '그냥 말리기만 했는데 웨이브가 자연스럽게 살아 있는 헤어스타일'도 실은 엄청난 노력의 산물일 가능성이 높다.

이전에 출연한 방송에서 한 연예인 패널이 나에게 말을 걸었다. "선생님이 입은 스타일이 진짜 '꾸안꾸' 스타일이신데요?" 이제 와 고백하지만 그날 나의 옷차림은 강연 방송에서 지적인 이미지 연출을 위해 치밀하게 계산된 스타일링의 결과물이었다. 수년간 스타일 컨설팅을 받은 한 전문직 여성은 이렇게 말했다. 스타일에 대해 잘 모를 때는 그냥 편하게 입으면 괜찮을 줄 알았는데 실제로는 '꾸꾸'('꾸미고 또 꾸미고'의 준말)를 추구해야지만 가능한 스타일임을 깨달았다고 말이다.

한 끗을 다르게 만들어주는 디테일

....

사람들이 선망하는 자연스럽고 세련된 스타일은 어떻게 연출할 수 있을까? 일단 전체적인 의상 아이템 중에서는 어느 하나라도 너무 튀지 않아야 한다. 그래서 옷 자체만 볼 때는 특별할 것이 없어 보일 수 있다. 의상은 심플한 디자인에 약간은 여유 있는 실루엣으로, 편안한 소재와 무채색 혹은 톤 차이가 크지 않는 색 조합이 기본값이다.

전체적인 분위기를 '어딘지 모르게' 세련돼 보이게 만드는 요소는 거의 신발과 가방, 액세서리 연출에서 나온다. 은은한 액세서리의 적절한 조합, 의상과 조화를 이루는 구두와 가방이 멋스러운 분위기를 더한다. 솔직히 소품까지 신경을 쓰는 건 '패션을 좀 아는' 고수의 영역이다. 똑같은 옷을 입고도 어떤 액세서리를 착용하고 어떤 가방을 들고 어떤 구두를 신는지에 따라 전혀 다른 분위기가 되기 때문이다.

액세서리를 지나치게 많이 하는 건 금물이지만, 아주 심플한 옷을 입었을 때는 목걸이나 반지를 적절히 착용하기만 해도 감각적인 분위기가 연출된다. 평범한 옷을 입더라도 가방과 신발의 색감과 디자인에 따라 전체적인 분위기가 달라진다. 똑같이 청바지에 흰 티를 입더라도 클러치 백에 로퍼를 신은 모습과 커다란 백팩에 슬리퍼를 신은 모습을 각각 떠올려 보면 그

차이를 쉽게 짐작할 수 있다.

세련된 '꾸안꾸' 룩을 위해서는 요즘 감성에 대한 이해는 물론 어떤 옷매무새가 자연스러워 보이는지 알아야 한다. 셔츠를 입었다면 단추를 2개 이상 풀고 셔츠 깃은 목 뒤로 넘기긴 채 대충 접어 올린 듯한 소매가 편안한 분위기를 완성한다. 하지만 생각해 보라. 이런 건 저절로 연출되는 스타일이 아니다.

패션업계 종사자들은 세련됨을 완성하는 또 다른 한 끗이 무엇이냐고 물으면 한결같이 애티튜드를 이야기한다. 여유 있어 보이는 표정과 자세에서 느껴지는 무심한 듯 시크한 분위기가 핵심이라는 것이다. 그런데 여유 있는 표정과 자세는 어디서 비롯될까? 그들이 모두 옷을 꽤 잘 입는 사람이라는 데 비밀이 있다. 바로 자신에게 가장 잘 어울리는 스타일로 센스 있게 옷을 입은 사람에게서 느껴지는 아우라다.

우리가 호감을 가지는 '꾸안꾸'는 궁극적으로 자신에게 가장 잘 어울리는 자연스러운 세련됨을 위해 노력해야지만 가능한 스타일이다. 그러니 그저 성실하게 자신을 가꾸는 것부터 시작해 보자. 결국 꾸민 듯 안 꾸민 듯한 세련됨이야말로 수많은 스타일링을 시도한 노력의 결과이니 말이다. 스타일링에서도 꾸준한 노력은 빛나는 감각으로 돌아오기 마련이다.

스타일
체크포인트

다수의 사람이 추구하고 누구에게나 호감을 준다는 '자연스러운 이미지'의 실체를 살펴보자.

머릿속에 자연스러운 이미지의 인물을 한번 떠올려 보라. 혹시 화장품 광고 속 민낯 같은 모델의 얼굴, 아니면 편안한 스타일이 잘 어울리는 드라마 속 여배우의 모습이 떠올랐는가?

당신이 생각한 '자연스러운 모습'은 절대로 꾸밈없이 만들어진 것이 아니다. 사실 우리가 떠올리는 '보기 좋게 자연스러운 이미지'는 많은 손길을 거쳐 만들어진 '조작된 자연스러움'이다.

01 자연스러운 스타일의 사복 차림

→ 스타일리스트의 치밀한 계산이 숨어 있다.

02 민낯처럼 보이는 투명한 피부

→ 꾸준한 피부 관리, 고도의 메이크업 기술의 결과물이다.

03 길게 말려 올라간 속눈썹

→ 자연스러운 인조 속눈썹을 붙인 아이 메이크업이다.

04 밝은 미소에 보이는 하얀 치아

→ 라미네이트 시술과 미백 치료를 받은 상태다.

우리는 '애써 꾸민 듯 보이지 않지만 왠지 예뻐 보이는 모습'을 자연스럽다고 느낀다. 그런데 생각해 보니 어떠한가? 지금도 그들의 모습이 정말로 자연스럽다고 느껴지는가?

이제는 내가 추구하고 싶은 자연스러운 이미지를 떠올려 보자.
이를 위해서 어떤 노력이 필요할지도 함께 생각해 보자.

마네킹 벗기기가 위험한 이유

옷을 잘 입고 싶지만 어떻게 입어야 할지 모르는 사람들이 종종 이런 이야기를 한다. "저는 마네킹이 입은 옷을 그대로 사요. 그게 제일 안전하다는 생각이 들어서요."

처음 들었을 때는 신기했는데 그런 결정을 내리는 사람들이 생각보다 꽤 많다는 걸 알게 되었다. 같은 맥락으로 온라인 쇼핑몰에서는 화면 속 모델이 입은 옷의 조합이 그대로 팔리는 경우가 정말 많다고 한다. 이유는 무엇일까?

당연히 그렇게 연출된 분위기와 스타일이 좋아 보이기 때문이다. 매장 매니저나 MD가 신경 써서 만든 조합이니 나름 세련되고 괜찮은 스타일이라고 믿는다. 그런데 여기서 잠깐 생각해 보자. 마네킹은 어떤 퍼스널 컬러를 가지고 있는가? 마네킹은 어떤 체형을 가지고 있는가?

마네킹은 퍼스널 컬러를 고려할 필요가 없다. 어쩌면 그 마네킹이 입은 의상은 당신이 피해야 할 색 조합일지도 모른다. 마네킹은 보완해야 할 체형의 단점이 없다. 앞서 말했듯 내 체형을 알아야 나에게 맞는 스타일이 보인다. 그 마네킹의 핏은 사실 당신 체형의 단점을 고스란히 드러낼지도 모른다.

스타일을 추천해 주는 서비스가 유행처럼 한창 번지던 때가 있었다. 체형과 선호하는 색상을 입력하면 어울릴 만한 옷의 조합을 알려줬는데 대부분 일 년을 넘기지 못하고 서비스가 종료되었다. 옷을 잘 입는다는 건 단순히 옷의 조합을 세련되게 연출하는 것만이 아니다. 옷 입기에는 생각보다 많은 라이프스타일의 변수가 작용한다. 의상의 가격은 물론 퍼스널 컬러와 체형, 추구하는 분위기, 하는 일, 만나는 사람, 시간을 보내는 장소, 옷의 소재, 세탁과 관리의 편의성까지 이 모든 조합에 따라 필요한 의상과 스타일은 달라질 수 있다.

옷을 잘 입는 것처럼 보이는 사람이 입은 옷을 무작정 따라 사는 것도 조심해야 한다. 그 사람과 당신은 다르니까. 실패하고 싶지 않은 마음은 이해하지만 나만의 스타일을 만들기 위해서는 어느 정도의 시행착오가 필요하다. 하지만 사전에 어떤 옷을 살지 계획을 세워 쇼핑하고, 매장에서 실제로 옷을 입어

보거나 잘 맞는 옷의 상세 치수를 확인해서 시뮬레이션을 하면 시행착오를 줄일 수 있다.

옷을 사는 데 시간을 쓰고 고민을 하고 싶지 않아서 무작정 따라 입기만 하는 당신에게 하고 싶은 말이 있다. 당신은 마네킹이 아니다. 그날 입는 옷을 고르는 건 자신을 표현하는 예술적 행위이자 인간의 특권이다. 마네킹에게서는 아이디어만 얻고 나만의 스타일을 알아가는 옷 입기의 진짜 즐거움을 찾기를 바란다.

쇼핑몰 인기 순위에 좌우되지 않기
....

홈쇼핑이나 온라인 쇼핑몰에서는 주기적으로 인기 있는 스타일을 전면에 내세워 광고한다. '이 바지는 지금까지 몇만 장이 판매되었습니다'와 같은 문구를 보면 마음이 끌리고 궁금해진다. 얼마나 예쁘길래 이렇게 인기가 있는 걸까. 누구나 입어도 무난하게 어울릴 것 같고 후기 많은 만큼 검증된 옷일 것 같다. 인기 순위에 드는 의상을 예쁜 모델이 입은 모습을 보면 분명 나에게도 잘 어울릴 것 같다는 생각이 들기도 한다.

쇼핑몰의 판매 순위에 따라 옷을 사는 사람들의 심리는 맛집에 줄 서서 기다리는 사람들의 심리와 크게 다르지 않다. 이렇게 인기가 있으니 분명 나에게도 좋을 것이라는 기대다. 안전하게 괜찮은 스타일을 사고 싶다는 마음, 실패나 시행착오를 겪고 싶지 않다는 마음이다.

하지만 순위가 높은 옷을 사보고 실망한 경험이 한 번이라도 있는 사람이라면 안다. 인기 순위는 나와는 상관없을 수 있다는 사실을 말이다. 홈쇼핑에서는 언제나 누구에게나 어울릴 만한 스타일이라고 강조하지만 그 옷의 컬러와 디자인이 내게 딱 맞을 확률은 생각보다 그리 높지 않다. 나 또한 한때 쇼핑몰 순위에 이끌려 샀던 화려한 원피스를 수년 동안 입지 못해서 마음 아프게 정리한 경험이 있다.

주부 J 씨는 격식을 차리는 자리에서 입는 정장이라는 말에 이끌려 샀던 옷을 막상 결혼식이나 모임에 입고 나가기가 꺼려진다고 했다. 모델이 입은 늘씬한 핏과는 다르게 자신의 체형에는 어울리지 않았기 때문이다. 평소 정장을 입을 일도 거의 없으니 막상 입으려고 하면 손이 가지 않는다고 했다.

한동안 로고가 두드러지는 비싼 브랜드의 옷이 인기를 끌었다. 밖에 나가면 약속이나 한 듯 같은 브랜드의 옷을 입은 사람들이 지나갔다. 솔직히 말해서 그 로고가 있다고 스타일이 특별히 더 좋아 보이지는 않았다. 그 옷을 입은 사람보다 로고가 더 눈에 들어왔다고 해야 할까.

아무리 많은 사람이 입는 인기 스타일이라고 할지라도 나의 라이프스타일과 맞지 않으면 그 옷을 입을 일은 없다. 쇼핑몰 인기 순위의 옷은 트렌드를 읽고 싶을 때 참고해 보자. 꼭 사고 싶다면 내게 잘 맞는 컬러와 디자인인지 다시 한번 확인하면서 생각해 본 다음에 결정하자.

스타일
체크포인트

실패하지 않는 쇼핑을 위해 다음을 체크해 보자.

☐ 체형을 보완하는 디자인인가?

☐ 퍼스널 컬러에 맞는 컬러인가?

☐ 그 옷을 입고 갈 곳은 어디인가?

☐ 그 옷과 함께 매칭해서 입을 옷이 있는가?

　(없다면 같이 사야 한다.)

스타일은 옷장에서 나온다

얼마 전 A 씨는 큰 집안 행사를 치르고 정신없이 주말을 보 낸 다음 월요일을 맞이했다. 모처럼 잡힌 약속에 입을 옷을 고 르려고 옷장을 열었다가 마음이 착잡해졌다. 요즘의 복잡한 심 경을 대변하듯 정리되지 않은 옷들이 마구 뒤엉켜 있었기 때문 이다. 최근 사람을 거의 만나지 않은 걸 증명이라도 하듯 목이 늘어난 티셔츠와 빛바랜 추리닝, 사이즈가 맞지 않는 옷으로 가득 차 있었다.

이런 사람에게 '주말 동안 옷장 정리하기'라는 미션을 주면 깊은 고민에 빠진다. 어떻게 정리해야 할지 엄두가 나지 않아 서다. 막상 정리를 시작하면 일이 너무 커질까 두려워하는 것이다. 지금 있는 옷들이 딱히 마음에 들진 않지만 그렇다고 전혀 못 입을 옷이라는 생각은 들지 않기 때문이다. 잘 입지 않는 옷이라고 해도 '언젠가 한 번은 입지 않을까?'라는 생각이 들어서 버리지는 못하겠단다.

입을 옷이 없는데도 옷장이 꽉 차 있는 이유는 아래와 같은 옷들로 채워져 있어서다.

- 집 근처에서 입을 편한 옷
- 살이 좀 빠지면 입으려고 3년째 보관 중인 옷
- 수년 전 가족 행사에서 한 번 입은 거금을 주고 산 브랜드 옷
- 내가 좋아하는 독특한 스타일이라 회사에서 입기는 애매한 옷
- 거의 입지 않은 새 옷이지만 유행이 지난 스타일의 새 옷
- 체형에 어울리지 않아 부해 보이는 옷
- 두 번 정도 입고 옷장에 넣었는데 드라이를 하지 않아 목 부분이 변색된 옷

사실 우리에게 주어진 의무가 얼마나 많은가. 회사에서는 진행 중인 프로젝트에 몰두하느라 거울을 볼 시간도 없을 때가 많다. 집에서는 아이들과 함께 시간을 보내야 하고, 미뤘던 개인사도 처리해야 한다. 하루 종일 분주하게 움직여도 일은 끝이 없다. 옷에 신경을 쓰는 것이 왠지 사치처럼 느껴진다. 때로

는 집에 돌아와서 오늘 입은 옷을 옷걸이에 걸어두는 것조차 버겁다. 지난 계절에 입었던 옷을 세탁하지 않고 옷장 속에 그대로 넣어둔 걸 잊어버리고 만다.

바쁜 일상에서 옷장 정리는 뒤로 미루기 쉬운 일이 된다. 다른 일에 비해 그리 중요하지 않게 느껴져서다. 그렇게 옷장 정리를 미루다 보면 옷장은 점점 미궁 속으로 빠져든다. 옷장을 열었을 때 마땅히 입을 옷이 보이지 않는다. 계절이 지난 옷이 그대로 있고, 세탁이 필요한 옷도 그대로 걸려 있다. 어떤 옷을 입어야 할지 도통 알 수가 없다.

우리의 옷장은 우리의 인생을 닮았다

....

패션의 불문율은 '스타일은 옷장에서 나온다'는 것이다. 그러니 스타일을 바꾸고 싶다면 옷장을 바꿔야 한다. 옷장은 그대로 놔둔 채 스타일을 바꾸고자 하면 그 노력은 거의 수포로 돌아간다. 마치 찬장 속에 컵라면과 인스턴트 음식, 과자 등을 잔뜩 쌓아둔 채 이제는 건강한 음식을 먹어보겠다고 결심하는 것과 같다.

'옷장 클리닉'이라는 서비스를 진행한 적이 있다. 집에 방문해서 어울리지 않는 옷을 정리하고 어울리는 옷으로 스타일링 가이드를 해줬다. 어울리지 않는 옷을 모두 골라내고 나면 평균 30~40퍼센트 정도의 옷만 살아남는다. 그런데도 뭘 입어도 괜찮은 옷만 남겨둔 옷장을 보면 속이 시원하다는 후기가 대부분이었다.

옷장은 현재 내 삶의 상태를 보여준다. 그래서 당신의 옷장에 있는 옷을 보면 대략 당신이 어떤 사람인지를 알 수 있다. 옷장을 열면 그 사람의 성격과 취향, 라이프스타일이 어느 정도 그려진다. 즉 우리의 옷장은 우리의 인생을 닮았다.

내 옷장 속 옷들을 가만히 들여다보자. 이 옷을 입는 사람은 어떤 삶을 살고 있을까? 정신없이 바쁜 일상에 치이다 보면 나에게 필요한 옷을 채우지도 못하고, 철 지난 옷을 정리하지도 못한 채 시간이 훌쩍 지나간다. 만약 옷장 문을 여는 일이 두렵게 느껴진다면 그 이유는 내가 바라는 모습이 그곳에 없음을 알고 있기 때문이 아닐까.

나를 근사하게 보여주는 옷이 옷장 속에 없다면 이제는 잠시 숨을 고르고 옷장과의 대화를 시작할 때다. 사실 옷장 정리는 신체적 에너지와 감정적 에너지가 모두 필요한 일이다. 버릴 옷을 고르면서 지난 시간을 돌아보고, 현실의 나를 직면하며, 이후 변화를 위해 마음의 준비를 하고, 이를 행동으로 옮겨야 하기 때문이다.

전부 다 마음에 쏙 드는 옷으로 채워진 옷장을 한번 상상해 보자. 옷장 속에 있는 모든 옷이 나에게 잘 어울리는 옷이라면? 어떤 옷을 꺼내 입어도 내 모습이 좋아 보인다면? 옷장을 여는 일이 마치 보물 상자를 여는 일처럼 느껴질 것이다. 상상만 해도 기분이 좋아지지 않는가? 쓸데없이 자리만 차지하는 과거의 옷들은 이제 모두 정리하자. 그 옷장의 주인은 바로 나 자신이니까.

스타일
체크포인트
✦

지금 옷장을 열어 갖고 있는 옷을 점검해 보자. 입었을 때 누가 볼까 봐 걱정되는 옷이 있다면 바로 버리는 게 좋다.

01 사이즈가 맞지 않는 옷

→ 너무 헐렁한 옷은 몸의 긴장을 사라지게 하고, 너무 작은 옷은 보는 사람에게 불편한 인상을 준다.

02 낡은 트레이닝복

→ 패션 감각이 무뎌지고, 차려입는 일이 귀찮아진다.

03 얼룩지거나 색이 바랜 옷, 보풀이 일어난 니트, 한없이 늘어난 티셔츠

→ 심리적으로나 경제적으로 어렵고 힘들게 보인다.

04 학창 시절의 추억이 담긴 옷

→ 다시는 입을 일 없이 그저 옷장만 차지할 뿐이다. 추억은 사진과 기억에만 남겨두자.

05 유행이 지난 스타일의 정장

→ 입었을 때 나이 들어 보이고 고리타분해 보인다.

편한 옷은 이미 충분하다

⌣

이미지코칭 수업에서 만난 C 씨는 헐렁한 원피스를 입고 나를 찾아왔다. 재택근무가 늘어나면서부터 조금씩 살이 찌기 시작했는데 편한 옷을 주로 입다 보니 계속 비슷한 옷만 사게 되었다고 한다. 문제는 그렇게 수년이 지나자 정작 중요한 미팅이 있거나 차려입어야 하는 날에는 입을 옷이 거의 없다는 것이었다.

사실 이건 비단 C 씨만의 문제가 아니다. 코로나로 수년 동안 외부 활동이 줄면서 편한 옷 위주로 입게 되었다는 사람들이 많아졌다. 그들을 만나면 "제 옷장에는 편하게 입는 옷들만 가득 차 있어요"라는 이야기를 자주 듣는다.

편한 옷의 특징은 무엇인가? 신체의 라인이 드러나지 않고 노출이나 조임이 없다. 이런 옷들을 주로 입게 되면 어떻게 될까? 몸에 긴장감이 없어 편한 자세로 늘어지기 쉽고 과식해서 살이 잘 찐다. 살이 찔수록 더욱더 헐렁한 옷을 찾게 된다. 슬금슬금 군살이 늘어나도 체형의 변화를 바로 알아차리기 어렵다.

옷장을 정리할 때 바로 이런 편한 옷이 가장 많은 부분을 차지한다. 사실 이 옷들을 버리기는 만만치 않다. 편하다는 명목하에 정리되지 않고 계속 옷장을 채우고 있기 때문이다. 편한 옷을 모두 꺼내어 살펴보자. 라운드넥 티셔츠, 고무줄 바지, 카디건, 후드티, 트레이닝복…. 그중에서 과연 내게 꼭 필요한 옷은 얼마나 될까? 대개는 집에서 혹은 가까운 동네에서 편하게 입으려고 산 옷들이다. 그렇다면 옷장을 정리하기 전에 먼저 나의 일주일의 일과를 살펴보자. 편한 옷이 필요할 때는 언제인가? 어떤 장소에서 그 옷을 입는가? 얼마나 자주 입는가?

가장 위험한 건 '이 옷은 집에서 입으면 되지 않을까?'라는 생각이다. 그 생각에 사로잡히면 어떤 옷을 봐도 꼭 정리해야 한다는 마음이 들지 않는다. 대신 이렇게 질문해 보자. 홈웨어라는 이름으로 집에서 입을 편한 옷은 얼마나 필요할까? 후줄근해진 옷을 집에서 입을 수 있다고 버리지 않다 보면 옷장에는 그런 옷들이 잔뜩 쌓인다. 청소할 때 입는 옷, 뒹굴 때 입는 옷은 뭘 입어도 괜찮다는 마음으로 옷을 놔두면 버릴 옷은 하나도 없다.

이제는 홈웨어도 나에게 어울리는 색과 디자인의 옷을 골라 입어보면 어떨까? 집에 누가 찾아와도 부끄럽지 않을 홈웨어를 챙겨 입으면 평소에도 나 자신을 아끼는 느낌이 들어 기분이 좋아질 것이다. 그러면 홈웨어라는 명목으로 쌓여 있던 꽤 많은 옷을 어렵지 않게 정리할 수 있다.

우리에게 편한 옷은 이미 충분하다. 옷장 속에 가득 찬 편한 옷을 이제는 비워보자. 당신의 옷장도, 당신의 마음도 한결 편안해질 테니 말이다.

스타일
체크포인트

현재 옷장에 있는 편한 옷 중 마음에 드는 옷이 있는가?

_____

_____

_____

편한 옷을 사고 싶은 이유는 무엇인가?

_____

_____

_____

그 옷을 입은 자신의 모습이 정말 마음에 드는가?

_____

_____

_____

옷에도 유통기한이 있다

유행은 돌고 돈다며 지금 입기에 애매한 옷들을 옷장에 가득 채워두고 있는가? 이런 사람은 최근 2~3년간 한 번도 입지 않은 옷은 버리라는 옷장 정리의 법칙을 들을 때마다 속으로 뜨끔하면서도 유행이 돌아오면 다시 입을 수 있다는 믿음을 버리지 않는다.

2000년대 초반에 유행했던 Y2K 스타일의 열풍으로 복고풍의 청재킷이 크게 유행한 적이 있다. 젊은 시절 입던 청재킷을 가지고 있던 사람들이 유행이 다시 돌아왔다며 그 옷을 꺼내어 입기 시작했다. 거리에서 청재킷을 입은 사람을 심심치 않게 볼 수 있었는데 사실 그 옷이 과거의 옷인지 현재의 옷인지 구별하는 건 그리 어렵지 않다. 새로 유행하는 청재킷의 디자인과 옷의 라인이 이전 스타일과는 많이 달랐기 때문이다.

나 또한 오래전 꽤 고가를 지불하고 산 정장이 있었다. 몇 번 입지 않고 넣어두었는데 어느새 수년이 지나버렸다. 얼마전 그 정장을 다시 꺼내 입으려 했지만 핏이 어색했다. 요즘 입는 실루엣과는 많이 달라져서 바지는 기장이 짧았고 어깨와 소매통은 너무 좁았다. 예전에 입었을 때는 그런 핏이 유행했겠지만 루즈한 핏이 대세인 요즘 그렇게 딱 맞는 실루엣은 올드하게 느껴졌다. 내가 수년 내에 그 옷을 다시 입을 일은 없을 거라는 생각이 들었다.

가장 유행에 민감한 아이템을 꼽자면 단연코 청바지다. 어떤 시기에는 발목 기장의 스키니진이 유행했지만 지금은 길게 내려오는 와이드 팬츠가 대세다. 밑위가 짧은 로라이즈진이 유행하던 때가 있었지만 지금은 허리선이 좀처럼 내려오지 않고 있다. 또 어떤 새로운 핏이 유행할지는 모르겠지만 수년째 입지 않는 청바지가 있다면 정리를 권하고 싶다. 유행이 다시 돌아와도 예전과는 다른 핏으로 돌아오는 경우가 대부분이다.

사실 유행이 지난 옷을 입고 다닌다고 크게 문제 될 것은 없다. 하지만 수년째 한 번도 입지 않으면서 언젠가 유행이 다시 돌아오면 입을 거라고 옷을 쌓아두는 것은 문제다. 그 유행이 돌아올 때쯤이면 이미 그 옷은 유통기한이 지나 있을 테니 말이다.

"선생님, 옷은 한번 사면 언제까지 입을 수 있나요? 3년 전에는 예쁘게 입었던 옷이 지금은 너무 후줄근해요. 옷에도 수명이 있는 건가요?" 어느 날 한 수강생에게 받은 질문이다. 유행뿐만 아니라 옷의 상태도 시간이 지나면 유통기한이 끝난다. 소재의 특성과 세탁 방법 그리고 얼마나 자주 입느냐에 따라 달라지는데 세탁 관리에 소홀해 옷이 상하면 1년 만에도 수명이 끝날 수 있다. 한두 번밖에 입지 않았지만 세탁을 제대로 하지 않은 채 보관해서 누렇게 변색되어 버린 옷은 예전의 상태로 복구하기가 어렵다.

나에게 필요한 옷을 채울 여유는 기한이 지난 옷을 정리하는 데서 시작되는 법이다. 지금 당신에게 필요한 옷을 더 이상 과거에서 찾지 말자. 옷에도 유통기한이 있다.

옷과 추억은 별개입니다
....

"선생님, 이 옷은 정리하기가 어려워요. 이 옷에는 정말 특별한 추억이 있거든요."

옷장을 정리하다가 한참 동안 추억에 잠기는 사람이 있다. 그 옷을 입은 날 중요한 발표에 성공했거나, 두근거리는 데이트 신청을 받았거나, 주위 사람들로부터 칭찬 세례를 받았거나, 특별히 좋은 일이 있었다면 그 옷을 볼 때마다 당시의 추억들이 떠오른다.

37세 사무직으로 일하는 H 씨의 옷장에는 유독 추억이 담긴 옷이 많았다. 생일날 부모님께 선물받은 토끼털 재킷, 최종 면접 때 입었던 정장, 첫 월급을 받고 구입한 트위드 투피스, 첫 해외여행에서 입었던 화려한 무늬의 원피스, 돌잔치 때 입었던 공주풍의 원피스…. 모두 지금은 입지 않지만 그 옷을 꺼내 볼 때마다 그 시절로 돌아가는 기분이 든다.

'아니야. 이 옷을 보낼 수는 없어. 나에게는 큰 의미가 있는 옷이잖아….'

옷장 속에 이런 옷이 얼마나 있는가? 물건에 큰 의미를 두는 사람일수록 옷장을 과감하게 정리하지 못하고 주저하기 마련이다. 개인마다 정도의 차이는 있겠지만 누구에게나 소중한 기억이 담긴 옷이 있다. 사실 어떤 옷이든 저마다의 경험과 추억이 담겨 있지 않겠는가.

하지만 냉정하게 생각해 보자. 옷과 추억은 별개다. 추억은 추억일 뿐이다. 그 추억을 만든 건 옷이 아니라 당신 자신이다. 지금 입지 못하는 과거의 옷을 버리지 않는 건 과거의 유물을 끌어안고 사는 셈이다.

그럼에도 여전히 미련이 남는다면 그 옷의 사진을 예쁘게 찍어두는 것을 추천한다. 추억은 그 사진 속에서 오래도록 간직될 것이다. 잊지 말자. 지금 필요한 건 입지 않는 옷을 옷장에서 비워내는 일이라는 걸.

나에게도 소중한 추억이 깃든 옷들이 있었다. 그 옷을 정리하려고 하니 옷에 얽힌 인연에게 미안한 기분이 들기까지 했다. 하지만 그런 옷이 쌓여갈수록 옷장을 볼 때마다 한숨이 나왔다. 어느새 소중한 추억이 짐짝처럼 느껴지기 시작했다. 궁리 끝에 의상 리폼을 생각해 냈다.

한 수강생은 어머니와의 소중한 기억이 담긴 옷이라며 지금은 촌스러운 커다란 꽃무늬와 보석이 박힌 원피스를 가져왔다. 잘 살펴보니 허리 라인을 수선하고 넥라인에 달린 보석을 떼면 색다른 분위기로 재탄생할 것 같아 리폼을 추천했다. 얼마 후 그는 활짝 웃는 얼굴로 수선된 원피스를 입고 찾아왔다. 리폼으로 변신 가능한 옷은 당신의 일상에 맞게 업데이트해서 입어보자.

옷장 정리의 법칙을 실행할 시간이다.

01 안 입은 지 3년이 넘은 옷을 골라내자.

정 못 버리겠으면 다른 박스에 보관해 두자. 계절이 다시 돌아왔

을 때도 여전히 박스 속에 있다면 이제는 정말 버려야 할 때다.

02 추억이 가득해서 못 버리겠는가?

1단계, 사진을 찍어라.

2단계, 리폼이 가능할지 살펴보라.

수선하기 어렵다면 이제는 미련 없이 버리자.

살 빼고 입을 옷은 다시 사라

언젠가 살이 빠지면 입을 거라며 날씬했던 시절의 옷을 그대로 두는 사람들이 있다. 그런데 문제는 그 언젠가가 쉽게 돌아오지 않는다는 것이다. 이들은 계속 쇼핑을 미룬다. 마음만 먹으면 살을 뺄 수 있다고 믿기에 지금의 몸에 맞는 옷을 사는 건 돈이 아까운 일이라고 생각한다. 그동안 나에게 살을 빼고 다시 오겠다고 약속했던 수많은 사람이 있었다. 그중 정말 살을 빼고 온 사람은 얼마나 될까? 지금까지의 기억으로는 거의 없다. 자신이 목표한 만큼 살을 빼고 마음에 드는 옷을 사겠다며 계속 미루었지만 펑퍼짐하고 헐렁한 옷들로 몸을 가리며 지내다가 이전보다 더 살이 찌는 악순환을 반복할 뿐이었다.

살이 찌지 않는 효과적인 방법이 있다. 주기적으로 옷을 쇼핑하는 것이다. 만약 다이어트 후에 옷을 사고 싶다면 지금부터 할 수 있는 관리 방법을 시도해 보자. 2킬로그램 정도가 빠지면 바로 쇼핑을 하는 것이다. 관리를 전혀 하지 않던 사람이라면 3~5일 정도 식단 관리와 걷기 운동만 해도 최소 2킬로그램 정도는 빠진다. 추가로 감량하고 싶다면 허리가 딱 맞는 사이즈로 전체적으로 살짝 붙는 옷을 사면 된다. 그렇게 산 옷을 입으면 겉으로 드러나는 몸의 라인을 의식하고 경각심이 생겨서 지속적으로 관리하게 된다.

지금까지 많은 사례를 지켜봤을 때 자기도 모르게 살이 찌는 요인 중 하나가 몸에 붙지 않는 여유 있는 옷으로 배를 가리고 입는 것이었다. 허리나 배 부분이 편하게 늘어나는 옷을 입으면 붙는 옷을 입을 때보다 음식을 훨씬 더 많이, 배부르게 먹을 확률이 높다. 뱃살이 보기 싫어서 배를 가렸는데 그 때문에 더 편하게 먹고 뱃살이 더 나오는 악순환이 반복되는 것이다.

이제 옷장을 열어보자. 살이 빠지면 입을 거라고 보관해 두었던 옷들을 모두 꺼내보자. 그중 가장 좋아하는 옷, 지금 계절에 입을 수 있는 옷을 골라보자. 2킬로그램만 빠지면 입을 수 있는 옷이 있는가? 있다면 그 옷을 눈에 잘 띄는 곳에 걸어두고 주말마다 핏을 확인해 보는 것도 다이어트에 좋은 자극이 된다. 딱 일주일만 마음먹고 다이어트를 시도해 보자. 사이즈에 변화가 있는가? 없다면 그냥 과감하게 정리하자. 당신이 원하는 만큼 다이어트에 성공한다면 지금 가지고 있는 옷보다 훨씬 더 잘 어울리는 옷이 분명 생길 테니까.

아직 충분히 살이 빠지지 않은 상태여도 괜찮다. 당신이 결심한 만큼 살이 빠진다면 산 지 2주 만에 옷을 수선하게 될지도 모른다. 그러면 어떤가. 당신은 그렇게 수선비를 투자해서라도 보기 좋게 맞는 옷을 입을 만큼 가치 있는 존재다. 다이어트 중에 옷을 산다면 비싼 브랜드보다는 적당히 부담 없는 가격대의 옷을 편하게 사 입는 것도 좋은 방법이다.

당장 독하게 다이어트를 성공하는 것이 중요한 게 아니다. 살이 빠지든 빠지지 않든 지금 이 순간의 나를 가장 돋보이게 해주는 옷을 입기 바란다. 있는 그대로의 모습을 가꾸는 것부터 시작해 보자. 다시 돌아오지 않는 당신의 오늘은 그 어느 때보다 소중하다. 혹시 아는가? 당신을 날씬하게 보이게 하는 건 다이어트가 아니라 당신의 체형을 보완하는 스타일링일지도 모른다.

스타일
체크포인트

살 빼고 입을 수 있는 옷인지 빠르게 판단하는 방법

01 2킬로그램만 빼면 입을 수 있는 옷인가? 아니라면 미련 없이 버리자.

02 일주일만 집중해서 식단 관리와 간단한 걷기나 홈트레이닝을 해보자. 체중이 빠졌는가? 그대로라면 그 옷은 버리고 지금 맞는 옷을 다시 사자.

03 감량에 성공했는가? 그렇다면 당신은 다이어트를 해낼 의지도 있고 실제로 살을 빼서 옷을 다시 입을 가능성이 높다. 지금까지 해온 대로만 앞으로도 꾸준히 노력하자.

나만의 스타일리스트가 되는 법

연예인에게는 방송 활동에 전념할 수 있도록 꾸며주는 전담 스타일리스트가 있다. 방송의 성격을 고려하는 것은 물론 그 방송에서 어떤 이야기를 하고 어떤 활동을 하는지에 따라 스타일리스트가 의상 콘셉트를 잡고 개성과 장점을 돋보이는 스타일을 연출하도록 돕는다.

만약 나에게도 나만을 위한 스타일리스트가 있다면 어떨까? 내가 어디를 가고, 누구를 만나고, 어떤 활동을 하는지를 알아보고 그에 따라 콘셉트를 잡아주며 나의 피부색과 체형에도 딱 맞는 스타일링을 도와주지 않을까? 물론 매달 월급을 주고 고용할 수는 없지만 낙심할 필요는 없다. 사실 우리 안에는 이미 잠들어 있는 자아, 나만의 스타일리스트가 있다. 내 안의 스타일리스트는 어울리지 않는 옷을 입고 있는 걸 볼 때는 이건 아닌 것 같다며 안타까워했고, 스타일이 멋진 사람을 볼 때 관심을 가지고 눈을 크게 뜨고 자세히 살펴보기도 했다. 그동안 제대로 부탁한 적이 없으니 휴업 상태였던 것이다. 이제 내 안에 잠자고 있던 스타일리스트가 제 역할을 할 수 있게 깨워 보자.

지금까지 한 번도 시도해 보지 않은 스타일에 대해서는 두려움이 있겠지만 이를 해소해 줄 전담 스타일리스트가 생겼다. 이제는 변화가 필요하다고, 새로운 모습으로 세상에 나갈 필요가 있다고 힘주어 이야기하는 그를 믿고 따라보자. 물론 나의 자아가 스타일리스트의 역할을 잘 해내기 위해서는 몇 가지 준비가 필요하다. 먼저 스타일링에 필요한 마음가짐을 장착하고 나를 제대로 분석해 볼 시간이 필요하다.

수십 년 경력의 스타일리스트가 나를 만난다면 어떤 이야기를 해줄지 자유롭게 상상해 보자.

"새로운 시도를 두려워하지 마세요. 아직 한 번도 입어보지 않은 스타일 중에서 당신에게 정말 잘 어울리는 스타일이 있을지도 모른답니다. 나만의 스타일을 찾는 과정을 즐기세요."

"체형이 완벽한 사람은 없으니 체형에 대한 걱정은 내려놓으세요. 당신만의 개성과 매력이 드러나는 스타일을 찾는 것이 중요합니다."

"어울리는 스타일은 계속 변한답니다. 새로운 스타일에 대해 열린 마음을 가지세요. 트렌드에 관심을 가지고 나에게 어울리는 스타일을 업데이트하면서 발전시켜 보세요."

그다음은 나의 외적 이미지의 메인 콘셉트를 잡아보자. 내가 누구이고, 어떤 사람으로 살고 싶은지를 알아가는 것부터 시작해야 한다. 당신은 누구인가? 어떻게 살고 있으며, 무엇을 추구하는 사람인가?

퍼스널 컬러는 무엇인가? (모른다면 전문가에게 정확한 진단을 받아보자.) 체형은 어떠한가? 피해야 하는 스타일은 무엇인가? 어떻게 보완하면 좋을까? 집을 제외하고 가장 많은 시간을 보내는 곳은 어디인가? 그곳에서 어떤 이미지로 보이고 싶은가?

여기서 잠깐, 지금까지 어떤 스타일이 나에게 잘 어울렸는지를 생각하기보다는 모든 가능성을 열어놓고 내 스타일에 어떤 변화를 주고 싶은지, 어떻게 보이고 싶은지를 떠올리는 것이 먼저다.

이제 옷장을 열어본다. 내가 고른 이미지의 스타일로 연출할 수 있는 옷이 얼마나 있는가? 내 옷장의 옷들은 퍼스널 컬러와 체형에 어울리는가? 트렌드에 너무 뒤떨어져 보이지는 않는가? 새롭게 쇼핑할 아이템은 무엇인가?

다시 한번 말하지만 이건 모두 당신의 또 다른 자아, 스타일리스트의 작업이다. 당신에 대한 분석이 끝났다면 이제 스타일리스트가 움직일 시간이다. 당신에게 필요한 쇼핑 리스트를 정리해서 그 옷을 찾아 나설 것이다. 당신은 스타일리스트가 권해주는 옷을 군소리 없이 입어본다.

새로운 스타일을 입고 거울 속에 비친 당신을 모르는 사람이라고 생각해 보자. 어떻게 보이는가? 당신이 고른 콘셉트의 이미지가 느껴지는가? 그렇다면 스타일리스트의 작업은 성공이다.

어떻게 보이고 싶은지에 대한 구체적인 답을 하나씩 찾아보자.
다시 말하지만 이건 나 자신에 대한 느낌이 아니라 원하는 스타일의
이미지라는 걸 기억하자. 평상시 자기 이미지는 제외하고 고른다.

01 다음 단어 중에 원하는 스타일에 체크한다.
지적인 / 도시적인 / 프로페셔널한 / 댄디한 / 화사한 / 차분한 / 눈
에 띄는 / 개성 있는 / 감각적인 / 부드러운 / 우아한 / 고급스러운
/ 섹시한 / 심플한 / 활동적인 / 카리스마 있는 / 클래식한 / 여성스
러운 / 귀여운 / 캐주얼한 / 중성적인 / 편안한 / 여유 있는 / 분위
기 있는

02 앞에서 고른 스타일 중 비슷하게 묶일 수 있는 그룹이 있는
    지 살펴보고 그중 대표 이미지를 고른다.

03 그 이미지에 가까워 보이는 스타일 사진을 핀터레스트나 패
    션 쇼핑몰에서 여러 장 찾아 모아본다.

3부

이제 어떻게
입을 것인가

Style is attitude

스타일의 기본은 헤어스타일부터

스타일의 완성은 얼굴이라는 말이 있다. 이 말이 농담처럼 들리겠지만 다양한 연령대와 성별, 직업군의 일반인을 코칭하며 퍼스널 쇼핑을 전담한 스타일리스트로서 나는 이 말에 전적으로 동의한다. 화장을 전혀 하지 않아서 피부가 칙칙하거나 헤어스타일이 촌스러우면, 어떤 옷을 입든 전체적으로 세련되어 보이지 않기 때문이다. 종종 같은 의상을 입은 연예인들의 비교 사진이 기사로 올라온다. 얼굴에 따라 같은 옷이라도 전혀 다르게 보이는 결과를 확인해 볼 수 있다.

특히 헤어스타일은 스타일에 가장 큰 영향을 미치는 요소다. 업계의 전문가들은 외적 이미지의 70퍼센트를 헤어스타일이 좌우한다고 말한다. 얼굴의 외곽선을 책임지는 것이 헤어스타일이기 때문이다.

강의에서 헤어스타일의 중요성을 설명할 때 나는 이렇게 이야기한다. "지금 앞에 있는 저의 헤어스타일이 깔끔하게 붙는 숏컷이라고 상상해 보세요. 어떤 이미지가 느껴질까요? 어두운 흑발의 일자 단발이라고 상상해 보세요. 어떤 이미지로 보일까요? 밝게 염색한 긴 웨이브 머리라면 어떤 이미지로 느껴질까요?" 나를 보며 내 이미지를 상상해 본 사람들은 "와, 정말 헤어스타일에 따라 다 다르게 보일 것 같아요"라고 답한다.

「프로젝트 런웨이」의 심사위원이자 세계적인 패션 컨설턴트 팀 건Tim Gunn은 "자신과 언제 어디서나 함께할 헤어스타일을 멋지게 다듬는 일은 어디에도 잘 어울리는 근사한 액세서리 하나를 장만하는 일과 같다"라고 말했다. 「오프라 윈프리 쇼」에 출연하며 화제를 모았던 패션 컨설턴트 빅토리아 모란 Victoria Moran 역시 "몇 년 동안 같은 헤어스타일을 고수하는 것이 외모의 노화를 촉진한다"라고 말하며 헤어스타일의 변화가 중요함을 강조했다.

매년 우리의 얼굴에는 크고 작은 변화가 찾아온다. 커리어나 직책도 달라진다. 그러나 새로운 헤어스타일이 잘 어울릴지 자신이 없다는 이유로 혹은 너무 바쁘다는 이유로 관리가 편한 평범하고 무난한 헤어스타일을 고수하는 사람들이 많다. 그렇지만 오랫동안 같은 스타일을 고수하다 보면 의상 스타일에 변화를 주거나 원하는 스타일 이미지를 연출하는 데 어려움을 겪을 수 있다.

헤어스타일이 이미지를 결정한다
....

자신의 이미지에 변화를 주고 싶다면 옷을 사러 가기 전에 헤어스타일부터 달라져야 한다. 살을 빼거나 표정을 보기 좋게 만드는 일에 비해 헤어스타일을 바꾸는 건 그리 어렵지 않다. 미용실을 예약하고(이전과 다른 변화를 원한다면 새로운 미용실에 가보기를 추천한다) 원하는 머리 모양을 말한 다음 헤어디자이너의 손에 맡기기만 하면 된다. 그럼에도 많은 사람이 주저하는 이유는 새로운 헤어스타일이 어울리지 않을까 봐, 그래도 나쁘지 않았던 자신의 이미지를 잃어버릴까 봐, 관리하기 어려울까 봐 두렵기 때문이다. 다시 한번 강조하지만 모든 변화는 시도해 보지 않았던 일을 도전하는 데서 시작된다. 생각지 못했던 헤어스타일이 내 매력을 돋보이게 해주는 '인생 머리'가 될지도 모르는 일이다.

앞으로 미용실에 가서 절대로 하지 말아야 할 말이 있다. "그냥 알아서 해주세요." 헤어스타일에 변화를 주려는 목적을 생각해 보라. 지금보다 더 나은 모습을 원한다면 이 말은 금물이다. 원하는 스타일의 결과물을 성공적으로 얻으려면 사전 준비가 필요하다. 미용실에 갈 때는 헤어디자이너에게 전적으로 의존하지 말고 자신이 원하는 이미지와 부합하는 헤어디자인 사진을 후보군으로 준비해 가자. 헤어디자이너와 얼굴형과 모발에 잘 맞는 스타일을 충분히 상의하고 나서 결정하자.

금융 컨설턴트로 일하는 40대 남성 A 씨는 바짝 깎은 스포츠형의 헤어스타일 때문에 직업적인 오해를 받는 일이 잦았다. 분위기 있고 고급스러운 이미지를 바랐지만 헤어스타일이 주는 강한 인상 탓에 그가 원하는 의상 스타일이 좀처럼 어울리지 않았다. 나는 퍼스널 쇼핑을 함께 가기 전에 먼저 그에게 한 달 이상 머리카락을 기를 것을 추천했다. 두 달째 되는 날 약간의 펌으로 헤어스타일에 변화를 줬다. 이후 쇼핑을 갔을 때는 그가 원하는 스타일의 의상이 맞춘 듯 잘 어울리는 걸 함께 눈으로 확인할 수 있었다.

이마를 덮은 뱅 스타일의 앞머리에 허리까지 오는 밝은색의 웨이브 머리를 한 30대 여성 L 씨는 전문적이고 신뢰감 느껴지는 이미지를 원했다. 먼저 헤어스타일을 바꾸는 일이 시급했다. 조금 어두운 컬러로 염색을 하고 심하게 상하고 푸석해 보이는 긴 머리를 자르라고 권유했다. 하지만 L 씨는 쉽게 수 긍하지 못하며 난색을 표했다. 전문가다운 이미지를 원하면 서도 마음속에 어려 보이고 싶다는 욕구가 강하게 자리 잡고 있었기 때문이다. 긴 설득 끝에 머리 기장을 어깨선 정도로 자르고 피부색과 잘 어울리는 초콜릿 브라운 컬러로 염색을 했다. 그러자 본인이 원하던 신뢰감을 주는 차분한 이미지로 스타일을 변화할 수 있었다.

첫 책『외모는 자존감이다』를 출간하던 당시에 나는 생애 처음으로 숏컷에 도전했다. 개성이 느껴지면서도 도시적이고 세련된 이미지를 원하는 마음에서였다. 물론 나 역시 '안 어울 리면 큰일인데'라는 생각에 한참을 주저했다. 하지만 문득 '한 번 해보지 뭐!' 하고 결심이 서서 과감하게 미용실로 향했다. 그런데 막상 자르자 이전의 걱정이 무색할 만큼 빠르게 새로운 헤어스타일에 적응했다. 게다가 그동안의 헤어스타일 중 가장 잘 어울린다는 평가도 받았다.

팁을 덧붙이자면 원하는 이미지의 헤어스타일이 완성된 다 음 쇼핑하기 전에 가능한 한 기본 메이크업 정도는 하고 가기 를 권한다. 피부톤이 고르지 않은 민낯의 얼굴에는 새로운 스 타일의 옷이 더 어색하게 느껴질 수 있기 때문이다. 잘 어울리 는 옷을 입는다는 건 결국 나를 더 돋보이게 하는 스타일을 찾는 것이다. 쇼핑을 갈 때 약간의 메이크업을 권하는 이유는 자신의 얼굴이 괜찮아 보여야 새로운 스타일의 옷을 입었을 때 이질감 없이 객관적으로 자신에게 어울리는 스타일을 찾을 수 있기 때문이다.

헤어스타일에 변화가 생기면 본인이 원하는 스타일의 이미지에 조금 더 가까워진 느낌이 든다. 그리고 그 이미지에 맞게 의상을 입기 시작하면 어느새 겉으로도 이전과는 확연하게 다른 스타일이 연출된다. 새로운 스타일이 어색하지 않고 자연스럽게 어울리는 경험을 하게 될 것이다. 열린 마음과 새로운 헤어스타일을 잘 관리하려는 꾸준한 노력으로 원하던 모습대로 자연스럽게 변신할 수 있기를 바란다.

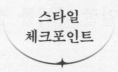

스타일
체크포인트

원하는 이미지를 만들기 위한 헤어스타일 연출법

지금껏 내 헤어스타일에 대해 생각해 본 적 없다면, 혹은 아무 계획 없이 미용실에 다녔다면 아래처럼 따라 해보자.

01 내가 추구하는 스타일의 이미지가 무엇인지 생각한다.

02 추구하는 이미지에 적합하다고 느껴지는 헤어스타일의 사진을 찾아 수집한다.

03 미용실에 갈 때 원하는 이미지와 가장 가까운 느낌의 옷을 입고 간다.

04 시술 전 디자이너에게 수집한 사진을 보여주고 충분히 상담한 후 헤어스타일을 결정한다. (얼굴형, 머리숱, 모발 굵기, 손상도에 따라 결과가 달라질 수도 있음을 고려한다.)

05 시술 후 디자이너에게 셀프 스타일링 방법을 배운다.

06 매일 홈케어와 기본적인 헤어스타일링으로 원하는 분위기를 유지한다.

07 주기적으로 미용실을 방문해 필요한 시술을 받으며 관리한다.

피부가 얼굴 나이를 결정한다

아무리 실제 나이보다 신체 나이가 젊더라도 얼굴에 주름과 잡티가 가득하면 더 나이 들어 보이게 마련이다. 나는 일찍부터 피부 관리에 관심이 많았다. 언뜻 보기에 나쁘지 않은 피부이지만 잠을 못 자거나 인스턴트 음식을 자주 먹으면 어김없이 트러블이 생겼다. 겨울이 되면 급격하게 건조해지는 탓에 늘 화장품 선택에 신중을 기했다. 특히 20대 후반부터는 피부 나이가 눈에 띄게 달라지고 있다는 느낌을 받았는데 30대가 되자 잡티나 주름 같은 노화의 징조가 나타나기 시작했다.

별다른 관리를 받지 않아도 트러블 없이 피부가 건강한 사람들이 부러웠다. 심하게 건조하고 얇은 내 피부는 노화에 취약한 조건을 모조리 가지고 있는 것 같아 마음에 들지 않았다. 하지만 낙심하지 않고 매일 조금씩 할 수 있는 피부 관리에 관심을 기울이기 시작했다. 꾸준히 관리하자 피부는 생기를 되찾았고 40대 중반으로 접어든 지금은 수년 전보다 더 젊어 보인다는 이야기를 들을 정도로 건강한 피부를 유지하고 있다. 누구나 자기 피부의 작은 결점에 실망한다면 자신의 피부에 완전히 만족하는 사람은 거의 없을 것이다. 하지만 피부 타입에 맞는 기본적인 관리법을 지킨다면 분명 효과를 볼 수 있다.

타고난 피부 상태는 나이가 들면서 변하기도 한다. 지성 피부였던 사람이 건성으로 바뀌기도 하고, 건성 피부였던 사람이 성인 여드름으로 고생하는 경우도 많다. 먼저 화장대에 놓인 화장품을 아무 생각 없이 그대로 사용하는 습관부터 점검해 보자. 그 화장품이 내 피부에 잘 맞는지부터 면밀히 따져볼 필요가 있다. 화장품을 바르기 전 자신의 피부 상태가 건조한지, 각질이 올라오는지, 번들거리는지, 트러블이 생기지는 않았는지 꼼꼼히 살펴보는 일도 잊지 말아야 한다.

피부과와의 현명한 협력 관계란
....

요즘은 나이나 성별과 무관하게 자신의 피부 관리에 관심을 가진 사람들이 많다. 내 남편도 깔끔한 인상을 위해 피부과에서 함께 관리를 받은 지 벌써 10년이 넘었다. 30대가 넘으면 내 피부에 대해 객관적이고 현실적인 조언을 해줄 피부과 하나쯤은 알고 있으면 도움이 된다.

계절과 환경에 따라 우리의 피부에는 예상치 못했던 변화가 생긴다. 청소년기에 여드름 하나 나지 않던 사람이 갑자기 성인 여드름으로 고생을 하는가 하면, 티 없이 매끈한 피부를 자랑했던 사람도 원인 모르게 번지는 편평 사마귀로 인해 피부가 오돌토돌해질 수 있다. 자신의 피부가 유난히 예민한 편인지 모르고 매주 스크럽제로 각질을 제거하다가 상태가 급격히 나빠지기도 한다. 특히 해가 갈수록 미세먼지가 심해지고 자외선이 강해지면서 피부를 위협하는 요인이 늘어나 내 피부의 문제를 스스로 진단하고 해결하기 어려워졌다. 이럴 때 피부과에서 현재 나의 피부 상태를 객관적으로 진단받는다면 어떤 종류의 화장품을 피하고 선택해야 하는지 정보를 얻을 수 있다. 단 피부과의 관리와 시술에 과도한 기대나 욕심을 품는 건 금물이다. 간혹 각종 시술을 끊임없이 받는 사람들이 있는데 오히려 피부가 약해지고 더 민감해질 수 있다.

정말로 내 피부에 도움이 되는 피부과는 어떻게 골라야 할까? 먼저 내 피부를 객관적으로 분석해 주고 꼭 필요한 시술만 권하며, 시술 효과를 충분히 설명하고 시술 후 홈 케어 방법을 꼼꼼하게 알려주는 곳이 좋다. 나도 몇 년 전부터 집에서 멀지 않은 피부과 하나를 선택해 한 달에 한두 번씩 내게 필요한 관리를 받고 있다. 꾸준한 관리 덕분에 잦은 트러블에서 해방되었다. 아직 한 번도 피부과에 가보지 않았다면 눈에 띄는 잡티나 점을 제거하는 가벼운 시술부터 시작해 보기를 권한다.

한 달에 한 번 나를 위한 선물, 전신 마사지

나는 최소 한 달에 한 번 전신 마사지를 받는다. 직장에 다니던 시절 우연히 피로를 풀고자 전신 마사지를 받았는데 그때 내 몸 이곳저곳이 많이 뒤틀리고 뭉쳐 있음을 알았다. 몇 년 전 여러 대학에 동시 출강을 다녔을 때는 높은 구두를 신고 하루 종일 서서 강의를 하는 바람에 어깨가 딱딱하게 뭉치고 하체 부종이 심해지기도 했다. 오랜 시간 앉아서 일하는 사람들도 다리를 꼬거나 목을 내밀고 허리를 숙이는 등 올바르지 않은 자세 탓에 척추에 문제가 생기거나 몸 여기저기가 망가졌을 가능성이 크다.

마사지는 체내 순환을 도와 막힌 혈관을 풀어준다. 단단하게 뭉친 근육을 풀고 셀룰라이트의 형성을 막는다. 오랜만에 마사지를 받으면 평상시 아픈 줄도 몰랐던 장기와 신체 곳곳의 상태가 좋지 않다는 걸 알게 된다. 그럴 때마다 '내 몸에 대해 이렇게나 몰랐구나'라고 반성한다.

지금까지 자기만을 위한 시간을 가지지 못했거나 제대로 몸을 돌보지 못했던 사람이라면 한 달에 한 번만 마사지를 받아보자. 굳어 있던 몸과 마음이 조금씩 부드러워짐을 느낄 수 있다. 마사지를 받으며 자신의 몸이 더욱 소중하다는 사실도 되새겨 보자. 한두 번 외식할 돈만 아껴도 내 몸에 깊은 애정을 보낼 수 있다. 건강한 몸과 좋은 컨디션은 무엇보다 소중하게 지켜야 하는 재산이다.

자신감의 시작은 메이크업

....

메이크업을 하는 데에는 여러 가지 동기가 있다. 나를 가꾸는 즐거움, 콤플렉스 극복, 타인으로부터의 호감, 더 보기 좋고 당당해지기 등을 위해 오랜 시간 정성을 들이는 것이다.

최근엔 깔끔한 인상을 위해서 눈썹 문신을 하고 피부톤 보정을 위해 톤업크림이나 비비, 쿠션 제품을 사용하는 젊은 남성도 늘고 있다. 남성 연예인이나 셀럽이 메이크업을 하는 일이 보편화되면서 일반 남성들에게도 가벼운 메이크업이 일상이 되고 있다. 실제로 나를 찾아오는 남성 고객에게도 눈썹을 정리하는 방법과 스킨 케어 방법, 기초 메이크업을 알려주는데 자신의 인상이 즉각적으로 달라지는 걸 눈으로 확인한 이들이 만족감과 자신감을 얻는 모습을 많이 보았다.

자잘한 피부 잡티로 고민이 많았던 30대 공무원 L 씨는 깨끗한 피부로 보이는 메이크업을 배운 뒤 자신감이 생겼으며 이전보다 더 자신을 가꾸게 되었다고 고백했다. 눈썹 모양이 예쁘지 않아 늘 앞머리로 가리고 다녔던 대학생 C 씨 역시 눈썹 메이크업을 스스로 할 줄 알게 되면서 이마를 자신 있게 드러냈고 주변 사람들로부터 인상이 밝아졌다는 이야기를 들었다며 기뻐했다.

메이크업의 의미는 단순히 얼굴을 아름답게 만드는 데에만 그치지 않는다. 메이크업은 매일의 심리 상태와도 연관성이 있어 하루하루 나 자신에 대한 만족도를 높이는 데도 상당히 기여한다. 이는 자신감을 높여 사회생활에 긍정적인 영향을 미치고 우울하거나 침체된 마음을 위로한다.

메이크업을 할 때 이런 효과를 인지한다면 원하는 삶으로 스스로를 이끄는 데 큰 힘을 얻을 수 있다. 메이크업으로 콤플렉스를 보완하면 그에 대한 부정적인 생각에서 벗어난다. 자신을 더욱 잘 가꿔야겠다는 생각이 든다. 그리고 이런 효과는 직접 스스로를 화장할 때 더욱 강해진다.

나에게 보내는 위로와 격려, 힐링 메이크업

메이크업을 하는 동안 온전히 자신에게 집중해 보자. 힐링 메이크업의 각 단계마다 의미를 되새기며 하나씩 따라 해보자.

01 관찰: 세안 후 얼굴 보기

세안 후 거울을 보며 현재 나의 피부 컨디션과 심리 상태를 차분하게 확인하고, 그날의 일정까지 고려해 스킨 케어와 메이크업을 결정한다.

02 정돈: 스킨 케어

피부결을 깨끗이 정돈한다. 스킨 토너를 화장솜에 듬뿍 묻혀 닦아내면 각질이 정리되어 피부가 매끄러워진다. 립밤을 발라 입술에 미리 수분을 공급한다. 피부 컨디션에 맞는 에센스(세럼)와 수분크림을 바르고 충분히 흡수시켜 촉촉함을 더한다.

03 커버: 피부색 정돈 / 눈썹 보완

피부톤을 보정해 주는 자외선 차단제나 비비 크림, 파운데이션, 컨실러 등을 활용한다. 눈썹 라인을 다듬고 빈 곳을 펜슬이나 섀도우로 채워 또렷하고 단정한 인상을 만든다. 눈썹 색은 머리카락 색보다 한 톤 밝게 하면 자연스럽다.

04 연출: 색조 메이크업

얼굴에 생기를 불어넣고 색다른 이미지로 연출한다. 블러셔는 미소를 지었을 때 봉긋하게 올라오는 볼을 중심으로 바르면 인상이 밝아보인다. 립스틱은 얼굴의 분위기를 좌우하니 피부색에 어울리는 컬러 안에서 여러 시도를 해보자. 혹은 컬러가 없거나 혈색이 살짝 도는 립밤으로 마무리해도 깔끔하다. 남성의 경우 색조에서 필요한 부분을 선택해서 시도해 보자.

05 확인: 거울 보기

메이크업을 마친 후 거울을 보며 환하게 미소 지으며 자신에게 매력적이라고 칭찬해 주자. 오늘은 어떤 활동을 하고 싶은지, 누구를 만나고 싶은지를 떠올린다.

패션의 완성은 애티튜드

처음 패션의 완성은 얼굴이라는 말을 들었을 때는 그 의미를 잘 이해하지 못했다. 얼굴이 예쁘거나 잘생기지 않으면 패션이 완성되지 않는다는 건 너무한 거 같다고 생각했다. 그러나 십수 년 동안 많은 이들의 스타일 메이크오버, 즉 스타일의 변화를 끌어내면서 나는 이 말이 전부가 아님을 깨달았다. 아무리 수려한 외모의 소유자여도 표정이 어둡고 자세가 구부정하면 태가 나지 않는 모습을 수없이 목격했기 때문이다.

그런 이유로 스타일을 바꾸고 싶다며 찾아오는 수강생과 곧바로 쇼핑을 가지 않는다. 어떻게 옷을 입을 것인가에 대한 마인드부터 확인하고 표정과 자세 교정을 먼저 한다.

실제로 옷을 입을 때 어떤 마인드인지에 따라서 표정과 자세가 달라진다. 자신이 입은 옷이 정말 잘 어울린다고 생각하고 스타일에 만족스러운 감정을 느끼는 사람은 표정과 자세에서 좋은 기운이 나타난다.

스타일에 자신이 없거나 대충 아무렇게나 옷을 입은 사람은 대개 표정과 자세가 그다지 좋지 않다. 이런 사람이 새로운 스타일을 시도할 때는 반드시 애티튜드를 기억해야 한다. 어색한 표정에 구부정한 자세면 아무리 옷을 잘 입어도 잘 어울리기 어렵다.

요즘은 어디서든 스마트폰을 보느라 거북목이 된 사람이 많다. 자기도 모르게 배를 내밀고 있는 습관이 있다면 지금부터 고치자. 어떤 옷을 입어도 배가 나와 보인다. 자신의 모습을 의식하지 않으면 표정도 자세도 쉽게 흐트러진다.

똑같은 옷을 입어도 패션모델이 입는 옷이 더 좋아 보이는 이유는 그들이 보여주는 당당한 표정과 자세부터 남다른 애티튜드 때문이다. 모델은 무대에 설 때 자신이 가장 멋진 사람이라고 믿는다고 한다. 애티튜드는 키나 체형과는 무관하다. 키가 작고 조금 통통해도 그 옷을 입은 자신이 가장 멋지고 아름답다고 생각해 보라. 스스로를 자신이 만든 무대에 오르는 주인공이라고 생각하자. 옷을 입는다는 건 세상이라는 무대에 나를 선보이는 준비다.

볼수록 매력 있는 사람은 태도가 다르다

....

태도란 몸의 자세나 행동거지를 뜻하는 말로 사전적 정의는 '어떤 대상에 대한 자기의 생각이나 감정을 나타내는 외적 표현'이다. 즉 한 사람의 사고방식이나 인성까지를 모두 포함하는 말이다. 사람의 태도에 따라 그가 가진 매력이 다르게 평가받을 수 있다.

외모가 아무리 뛰어나도 타인을 대하는 태도나 행동거지가 좋지 않다면 그 사람의 멋진 외모는 도리어 마이너스로 작용한다. 유행하는 패션이나 메이크업, 헤어스타일에는 엄청난 관심을 보이면서도 정작 애티튜드에 대해서는 무관심한 사람이 많다. 머리부터 발끝까지 흠잡을 데 없는 차림을 하고서는 아무렇지도 않게 길에 쓰레기를 버리거나 욕이나 비속어를 남발한다면 어떻게 보일까?

잘생긴 외모로 SNS에서 유명한 사장이 운영하는 식당에 간 적이 있다. 실제로 보니 그는 여성들이 좋아할 만한 깔끔하고 세련된 스타일에 연예인 같은 뚜렷한 이목구비, 훤칠한 체격을 갖고 있었다. 하지만 훈훈한 마음은 그리 오래가지 않았다. 잠시 후 그가 손님들 앞에서 아르바이트생에게 여러 차례 짜증을 내며 신경질적으로 화를 내는 모습을 보았다. 잘생긴 외모에 반해 태도가 무척 실망스러웠다. 그에게 여자친구가 있다면 성격을 맞추기 어렵겠다는 이야기를 당시 함께 있던 동행자와 나눈 기억이 난다. 당연히 그는 애티튜드가 별로인 사람으로 기억에 남게 되었다.

　누구나 동의할 수 있는 매력적인 애티튜드란 과연 무엇일까? 티시 제트Tish Jett가 『훔쳐보고 싶은 프랑스 여자들의 서랍』에서 말한 프랑스 여성들이 정의하는 애티튜드에서 실마리를 얻을 수 있다. 좋은 애티튜드들 갖춘 사람은 생기가 넘치고 남을 배려할 줄 알며, 호기심이 많고 교양이 있다. 쾌활하고 솔직하며 친절하고 재미있으면서 지적이다. 흠잡을 데 없는 매너를 지녔다. 상대방을 중요시하면서 대화를 통해 상대가 자신을 흥미롭고 가치 있는 사람으로 느끼게 한다. 상대방의 말을 귀담아 들으며 적절한 질문을 던져 진심을 다해 존중하는 자세를 취한다.

성형보다 강력한 표정의 힘

…………

　"사람의 얼굴은 하나의 풍경이며 한 권의 책이다. 얼굴은 결코 거짓말을 하지 않는다."

　19세기 프랑스 소설가 발자크Honoré de Balzac는 '얼굴'에 대해 이런 말을 남겼다. 얼굴은 매우 정직한 생활기록부 같아서 그동안 우리가 어떤 삶을 살아왔는지 그대로 반영해 보여준다. 나는 직업상 얼굴과 표정에 관심이 많아 길거리를 걸어 다닐 때마다 행인의 얼굴을 유심히 관찰한다. 그런데 종종 눈길을 사로잡는 멋진 이목구비를 가진 사람에게서 어두운 표정을 보면 안타까움을 느낀다. 아무리 외모가 뛰어나도 좋은 기운이 느껴지지 않기 때문이다. 표정이 중요하다는 사실을 모르는 사람은 없지만 정작 보기 좋은 표정을 지닌 사람은 드물다.

강의나 컨설팅에서 만난 수강생 대부분은 표정이 딱딱하게 굳어 있었다. 이미지코칭 수업을 하면 제일 먼저 얼굴 정면 사진을 찍어서 보여준다. 대부분 사진을 보고 깜짝 놀라며 자신이 이런 어두운 표정을 짓고 있는 줄 전혀 몰랐다고 한다. 그러고는 마치 거울에 내면이 비친 것처럼 얼굴에 그대로 드러난다며 무척 당황해했다.

좋은 이미지를 원하는 이들에게 늘 이렇게 말한다. "누군가에게 매력적으로 보이고 싶다면 당신의 이목구비가 어떻게 생겼는지 모를 정도로 환하게 웃어주세요. 그러면 그 사람은 눈코입의 생김새가 아닌 당신의 환한 미소만 기억할 거예요."

사실 표정은 이목구비와 달리 돈을 들이지 않아도 마음만 먹으면 즉각적으로 변화시킬 수 있다. 하지만 의식하지 않고도 언제나 좋은 표정을 짓기 위해서는 상당한 시간과 노력이 필요하다. 간혹 어떤 이들은 즐거운 일이 없는데도 굳이 밝은 표정을 지어야 하냐고 반문한다. 나는 그럴수록 더 밝고 건강한 표정을 지어야 한다고 생각한다. 미국 최고의 심리학자 폴 에크먼Paul Ekman은 『얼굴의 심리학』에서 표정을 흉내 내면 그와 일치하는 감정을 실제로 느낄 수 있다고 설명한다. 특정한 감정과 관련 있는 신경 회로와 얼굴 근육이 긴밀하게 연결되어 있어서다. 억지로 미소를 짓더라도 저절로 미소가 지어질 때의 긍정적인 기분을 느낄 수 있다는 의미다. 웃는 순간 발생하는 엔도르핀과 행복을 느낄 때 분비되는 도파민이 기분뿐만 아니라 피부까지도 밝게 하는 셈이다.

또한 위클리닉을 운영하는 조애경 원장은 저서 『깐깐 닥터 조애경의 W뷰티』에서 표정 변화가 적을수록 얼굴 근육을 잘 사용하지 않게 돼 피부 탄력이 떨어지고 노화가 앞당겨진다고 말한다. 내가 지금 짓는 표정이 차곡차곡 쌓여 내 얼굴의 인상을 만드는 것이다.

표정도 결국 습관이다. 평소 아무도 나를 보지 않을 때도 의식적으로 밝고 부드러운 표정을 짓도록 노력해야 한다. 지금 당장 거울 속 나에게 다정한 미소를 지어보자. 나를 만나는 사람들을 위해 환한 표정을 지어보자. 내가 지은 미소의 아름다움이 내 얼굴을 활짝 꽃피게 만들 것이다.

곧은 자세에서 비롯되는 우아함

....

표정만큼이나 중요한 것이 바로 자세다. 자세가 구부정하면 어딘가 모르게 위축되어 보인다. 반대로 자세가 바르면 자신감 있고 당당하게 보이는 것은 물론 우아하고 고급스러운 분위기도 풍긴다.

먼저 거울 앞에 서서 내 모습을 관찰해 보자. 고개는 한쪽으로 기울지 않았는지, 양쪽 어깨는 수평을 이루고 있는지, 등은 구부정하게 말리지 않았는지, 턱은 앞으로 쭉 나오지 않았는지, 배를 내밀고 있지는 않았는지 하나하나 점검해 보라. 표정과 마찬가지로 자세 역시 현재의 심리 상태를 반영한다. 확신이 없을 땐 고개가 한쪽으로 기울어지고, 기운이 빠지면 어깨가 축 처진다. 그래서 자세만으로도 내면을 짐작할 수 있다.

바른 자세를 이야기할 때 대부분 허리를 곧추세우고 어깨를 활짝 펴라고 말하지만, 사실 그런 자세를 기억하고 계속 유지하기란 쉽지 않다. 이럴 때 배에 살짝 힘을 주고 가슴 윗부분을 펴주면 보다 쉽게 바른 자세를 유지할 수 있다.

어떤 체형이든 바른 자세를 유지하면 더 당당하고 자신감 있어 보이며, 스타일적으로는 멋지고 우아하게 보인다. 또 건강에 도움이 되는 것은 물론 활기차고 날씬해 보이며 실제 나이보다 젊어 보이는 효과까지 누릴 수 있다.

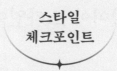

스타일
체크포인트

호감 가는 인상을 주는 밝고 매력적인 표정 짓기

하루에 한 번씩 아래의 순서대로 표정 짓기 연습을 해보자.

01 눈을 감고 크게 심호흡을 하면서 마음의 긴장을 푼다.

02 이상적인 모습을 상상한 뒤 지금 그 모습이 되었다고 생각한다.

03 상상 속 사람들을 바라보며 입꼬리를 올려 미소 짓는다.

04 눈을 뜨고 거울을 보며 마음에 드는 미소와 표정을 짓는다.

05 가장 마음에 드는 밝은 표정으로 셀카를 찍는다.

당당하고 우아해 보이는 바른 자세 유지하기

누가 보지 않을 때도 허리를 곧게 편 자세를 유지해 보자.

01 턱을 당기고 천장이 정수리를 당기는 느낌으로 고개를 똑바로
   세운다.

02 어깨를 자연스럽게 내리고 가슴을 들어올리며 활짝 편다.

03 배에 단단하게 힘을 주고 허리를 세워 등을 곧게 세운다.

04 자신이 주목받고 있다고 상상하며 자신감 있는 자세를 취한다.

체형을 알아야 스타일이 보인다

고대 그리스 철학자 에픽테토스는 말했다. 옷을 입기 전에 먼저 자신이 누구인지를 알라고. 그렇다. 옷을 잘 입기 위해서는 자신에 대한 이해가 필요하다. 첫 번째는 바로 자신의 체형을 알고 체형의 장단점을 어떻게 보완할지를 아는 것이다. 물론 말은 쉽지만 이게 참 어려운 일이다.

자신의 몸, 그러니까 체형을 아는 것은 옷 입기에서 가장 기본이다. 그런데 체형은 무시하고 자신의 눈에 좋아 보이는 옷을 입고 싶어 하는 사람들이 있다. 이해는 한다. 자신의 눈에는 상대가 입은 옷이 좋아 보일 수 있으니까. 하지만 내 체형을 모르고 누군가를 따라 옷을 입는 건 마치 다른 문제의 답을 내 문제의 답안지에 그대로 옮겨 적는 것과 다를 바가 없다.

"그냥 끌리는 대로 입으면 안 되나요?"라고 묻는 사람이 있겠지만, 솔직히 체형의 단점을 고스란히 드러내고 싶은 사람은 없을 것이다.

그렇다고 지나치게 체형의 단점에만 주목하면 옷을 입는 것이 더 어려워질 수 있다. 크게 두드러지지 않는 단점에 꽂혀 그 부분을 가리느라고 오히려 체형의 장점을 드러내지 못하는 경우도 많기 때문이다. 빈약하거나 살찐 몸을 가리고 싶다고 헐렁한 옷으로 무장하는 건 결코 좋은 선택이 아니다. 그냥 커다란 포대자루를 걸친 것처럼 보인다.

몸매는 스타일의 원천이다
....

옷을 잘 입는다는 의미는 실제보다 체형이 좋아 보이게 입는다는 뜻이다. 체형의 단점이 눈에 띄지 않으면서도 전체적인 균형감이 좋아 보이도록 하는 것이 목표다.

하체는 통통한데 어깨가 너무 좁아 보인다든가, 상체는 큰 편인데 다리가 너무 얇아 보이는 건 균형의 관점에서 좋은 스타일링이 아니다. 보편적인 전략은 자신의 신체에서 날씬한 부위를 강조하거나 드러내는 것이다. 체형에서 허리가 가장 얇은 부위라면 그곳을 드러내는 것이 더 날씬해 보인다. 단, 지나치게 마른 경우는 드러냈을 때 균형이 깨질 수 있으니 주의하자.

스타일링 책에 나오는 옷 입기의 법칙들을 맹목적으로 따르기보다는 참고만 했으면 좋겠다. 흔히 키가 작은 사람은 무릎 위로 올라오는 짧은 스커트를 입는 게 좋다든지, 엉덩이가 큰 사람은 넉넉한 사이즈의 바지를 입는 게 좋다든지 하는 방법이 제시되어 있지만 그저 체형 보완에만 집중하다 보면 소화할 수 있는 스타일의 범주가 좁아질 수 있다. 또한 체형에는 수많은 변수가 있다. 키가 작지만 다리가 긴 체형도 있고, 엉덩이는 크지만 종아리는 날씬한 경우도 있다.

솔직히 체형만큼은 완전히 딱 떨어지는 스타일링 법칙이 존재하지 않는다고 말하고 싶다. 아주 기본적인 원칙, 신체에서 가장 두껍거나 큰 부위를 부각시키지 않는 것, 어깨가 큰데 어깨뽕을 살린다든지, 하체가 두꺼운 편인데 달라붙는 디자인의 밝은색 하의를 입는다든지 하는 것을 제외하면, 사실 체형 보완 스타일링은 모두 균형의 문제다.

내 체형에서 피해야 하는 스타일은 신체의 균형이 완전히 깨지므로 쳐다보지도 말자. 상체가 작고 어깨가 좁은데 어깨 라인이 딱 붙는 상의를 입는다면 상대적으로 얼굴이 훨씬 더 커 보인다. 이런 경우 어깨 라인이 넓어 보이는 옷을 입어야 키가 커 보이고 전체적인 비율이 좋아 보인다. 상체에 살이 많은

데 무늬가 크고 두툼한 소재의 옷을 입으면 살집이 더 많아 보인다. 가능하면 얇은 소재에 컬러나 무늬가 튀지 않는 상의를 입는 것이 좋다.

　타고난 이목구비는 성형 수술을 하지 않고서는 바꿀 수 없다. 하지만 몸매는 다르다. 꾸준히 노력하면 훨씬 더 보기 좋게 변화시킬 수 있다. 모두가 모델 같은 체형을 만들 필요는 없다. 지금보다 조금 더 나은 몸, 입고 싶은 옷을 거리낌 없이 당당하게 입을 만큼의 몸은 분명 노력으로 만들 수 있다.

　다만 보기 좋은 몸매는 그에 합당한 대가 없이는 절대로 만들어지지 않는다. 줄곧 이야기했지만 나는 과거에 살을 빼기 위해 온갖 방법을 다 시도해 보았다. 아무런 노력 없이 시술만으로 빠르게 살을 빼준다는 광고에 혹하기도 했다. 그러나 그간 이어져 온 생활 습관을 바꾸지 못해 매번 이전 상태로 빠르게 돌아가는 요요 현상을 겪었다.

　평상시의 꾸준한 운동이 누구에게나 쉬운 일은 아니다. 육아에 시달리며 따로 운동할 짬이 나지 않는 사람도 있고, 하루 종일 바쁘게 일하는 사람에게 업무를 내팽개쳐 두고 운동하라고 말할 수도 없는 노릇이다. 그래서 일상에서 간단하게 할 수 있는데도 효과는 탁월한 몸매 관리 습관을 소개하고자 한다. 나 역시 바쁜 일과 때문에 따로 운동을 하지 못할 때엔 여기에 언급한 습관만이라도 반드시 지키려고 노력한다.

전신 거울 앞에 서기

....

날씬하고 보기 좋은 몸을 만들려면 먼저 전신 거울부터 갖춰놓자. 자신의 몸을 전체적으로 바라보고 온전히 마주하기 위해서다. 내가 쉽게 살이 찌는 체질임에도 십수년 째 비슷한 몸무게를 유지하는 비결은 바로 '전신 거울을 통한 지속적인 몸 관찰' 덕분이다.

보통은 샤워 후 곧바로 옷을 챙겨 입기 때문에 자신의 벗은 몸을 볼 일이 별로 없다. 하지만 하루에 한 번이라도 옷으로 가리지 않은 내 몸 그대로를 바라봐야 한다. 거울 앞에 서서 적나라한 몸을 보면 분명 자신의 몸임에도 생소함을 느끼고 충격에 빠질 것이다. 벗은 몸을 관찰하는 일은 몸매 관리를 지속하는 데에 무척 효과적인 자극제다. 또 몸 상태를 정확히 알면 어느 부위를 더 신경 써서 운동해야 하는지 알 수 있다.

날씬한 몸매를 꿈꿨던 나는 정말로 오랫동안 운동과 다이어트를 반복해 왔다. 하지만 피팅 룸이나 사우나 거울로 마주한 몸은 매번 나를 흠칫 놀라게 했다. 그래서 큰 결심 끝에 방에 전신 거울을 들여놓았다. 그러고는 매일 샤워를 마친 후 내 몸을 있는 그대로 바라보고 관찰했다.

전신 거울이 없었을 때는 내 몸이 어떻게 생겼는지, 자세가 어떠한지 전혀 알지 못했다. 하지만 하루 5분이라도 매일 내 몸을 관찰하자 억지로 결심하지 않아도 의식적으로 몸매를 관리하게 되었다. 좀 많이 먹었다 싶은 날은 어김없이 배가 나와 보였고, 바쁘다는 핑계로 스트레칭이나 걷기 운동을 며칠 쉬면 탄력 없이 늘어진 팔뚝 살이 눈에 들어왔다. 반면 건강한 식사를 하고 운동을 열심히 한 날이면 왠지 내 몸이 더 탄탄하고 좋아 보였다.

또 거울을 보며 양쪽 어깨의 높이는 일정한지, 등은 곧고 턱은 아래로 당겨졌는지를 확인하자 자세 교정에도 도움이 되었다. 실제로 체형 관리 전문가들은 "매일 몇 분이라도 내 몸을 지켜보면 몸매 관리에 효과를 볼 수 있다"라고 입을 모은다.

자, 그러니 오늘 밤 당장 전신 거울 앞에 서보자. '내 모습에서 달라지고 싶은 부분이 어디인가?'를 스스로에게 질문해 보길 바란다.

매일 몸무게 재기
....

"지금 몇 킬로그램 정도 나가시나요?"

"사실 잘 모르겠어요. 살이 찐 이후부터는 체중을 거의 안 재고 있거든요."

나도 모르는 사이 급격히 살이 쪘다고 말한 사람 대부분은 현재 자신의 몸무게를 제대로 모르거나 오랫동안 체중 변화에 민감하게 반응하지 않았다는 공통점이 있다. 나는 습관적으로 매일 아침과 저녁, 하루에 두 번씩 몸무게를 잰다. 다이어트를 하지 않아도 시시각각 몸의 변화에 관심을 기울인다.

물론 다이어트를 할 때 몸무게의 숫자에만 집착하는 태도는 바람직하지 않다. 지방이 빠진 자리에 근육이 차면 간혹 체중계의 숫자가 증가하는 경우도 발생한다. 사실 이는 매우 긍정적인 신호다. 요즘은 체지방과 근육량을 집에서도 쉽게 잴 수 있는 디지털 체중계가 시중에 많이 나와 있다. 앱과 연동해서 신체 변화를 모니터링하기도 편하다. 매일 내 몸이 어떻게 변하는지를 지켜보는 일은 건강과 몸매라는 두 마리 토끼를 잡기 위한 최상의 방법이다.

틈틈이 스트레칭하기
....

스트레칭은 다른 운동에 비해 쉽고 안전하다. 언제 어디서나 별다른 기구 없이 할 수 있다는 점에서 경제적이기까지 하다. 또 몸의 가동 범위를 늘려 평소보다 열량을 더 많이 소모해 자연스럽게 살이 빠지는 체질로 만들어준다. 체지방 연소에도 효과가 크고 혈액 순환에도 좋다. 체내 산소 공급량을 늘리고 노폐물을 배출시켜 피로를 해소시킨다.

늘 바쁜 일상을 보내지만 틈틈이 5분만 시간을 내어 스트레칭을 해보자. 아침에 일어나서 5분, 일하면서 5분, 잠들기 전에 5분만 시간을 내서 하루 15분만 스트레칭을 해도 충분하다.

복근에 힘주기
....

따로 운동을 하기 어려울 때는 앉아 있거나 걸어 다닐 때 복근에 제대로 힘을 주는 것만으로도 탄탄한 배를 만드는 데 도움이 된다. 의식적으로 아랫배를 집어넣어 힘준 상태를 유지하면 기초 대사량이 높아지고 체지방이 쌓이는 것을 막는다. 또 척추가 펴지고 자세가 교정되는 효과까지 볼 수 있다.

발레 호흡하기
....

발레에서는 깊은 호흡, 즉 횡격막 호흡을 권하는데 이는 전신 순환에 무척 효과적이다. 숨만 잘 쉬어도 에너지 대사량이 올라가 살이 빠지는 체질을 만들어준다. 어깨를 편 상태로 숨을 들이쉬고 내쉴 때 모두 복부에 힘을 주는 것이 기본이며, 최

대한 갈비뼈를 벌리면서 코로 숨을 들이마시고 갈비뼈를 조이는 느낌으로 입으로 천천히 숨을 내쉰다. 다시 이어 갈비뼈를 조인 채로 숨을 들이마시고 내쉰다.

발레 호흡은 윗몸일으키기보다 더 좋은 복근 운동이라고 한다. 꾸준히 하면 숨만 쉬어도 배가 탄탄해지고 살이 빠지는 효과가 있다니 이보다 더 좋은 호흡법이 어디 있겠는가.

30분 이상 빠르게 걷기 또는 달리기

....

이미 잘 알려졌듯이 걷기나 달리기는 근육과 뼈를 튼튼하게 하고 비만을 예방하며 스트레스 해소에 효과적이다. 매일 30분 이상 빠르게 걷거나 달리면 체중이 줄고 부족한 신체 활동량을 채울 수 있다. 하지만 집 안에서만 생활하거나 특별히 움직일 일이 없는 사무직 회사원은 하루에 30분 이상 걷기조차 쉽지 않은 게 현실이다. 집이나 회사 근처에 산책할 곳이 마땅치 않다며 걷기에 어려움을 호소하는 사람도 많다.

하지만 조금 솔직해지자. 따지고 보면 걸을 수 있는 기회가 꽤 많은데 우리는 좀처럼 걸으려 하지 않는다. 바쁜 출퇴근길에 에너지를 뺏기지 않겠다며 계단 대신 에스컬레이터나 엘리베이터만 고집하지 않았던가? 점심을 먹으러 가는 주변 직장

인들의 모습을 지켜보면 단 한 층을 올라갈 때도 엘리베이터를 이용하는 것이 습관화되어 있었다.

나는 주 3회 이상 5~7킬로미터를 달리기 시작하면서 몸이 단단해지고 체력이 더 좋아짐을 느끼고 있다. 꾸준히 달린 덕분에 6개월 만에 10킬로미터 마라톤을 세 번 완주하는 기록을 세웠고 이제는 따로 운동하러 가지 않아도 자연스럽게 운동이 일상 속에 자리 잡았다.

나이가 들어도 탄탄한 몸매를 유지하는 프랑스 여자들은 걷기를 삶의 일부로 여기며, 언제 어디서든 걸어 다니는 것이 생활화되어 있다. 게다가 충분히 걷지 않았다는 생각이 들면 일부러 계단을 걸어 올라서라도 어떻게든 더 걸으려 애쓴다. 아침에 걷기가 도무지 어렵다면 동료와 함께 카페에서 수다를 떨 시간에 점심 식사 후 혹은 퇴근길에라도 걷기를 시작해 보자. 구두를 신고 출퇴근한다면 걷기 편한 운동화 한 켤레를 챙겨 다니는 센스도 발휘해 보면 좋겠다.

체형과 스타일을 살리는 최소한의 습관

나 역시 바쁜 일과 때문에 따로 운동을 하지 못할 때엔 여기에 언급한 습관만이라도 반드시 지키려고 노력한다. 자신의 루틴으로 만들기 위한 방법을 생각해 보자.

01 매일 몸무게 재기

02 틈틈이 스트레칭하기

03 복근에 힘주기

04 발레 호흡 하기

05 운동화를 챙겨 신고 30분 이상 걷기

속옷부터 잘 입어야 한다

⌣

　고객들의 옷을 사러 가기 전에 자신의 체형을 스스로 이해할 수 있도록 전신 거울 앞에 서서 보디 체크를 함께한다. 이때 속옷을 제대로 입었는지도 꼭 확인한다. 체형에 따라 자신의 사이즈에 맞추어 입었는지를 점검하는데 지금까지 내가 만난 여성의 경우 평균 80퍼센트 이상이 자신의 몸에 맞지 않는 속옷을 입고 있었다.

　속옷은 보이지 않으니까 대충 입어도 괜찮다고 생각하는 사람들이 있다. 이건 정말 오산이다. 속옷은 당신의 옷차림에 생각보다 큰 영향을 준다. 속옷은 겉에 보이는 라인을 결정하기 때문이다. 체형이 드러나는 얇은 소재나 몸에 딱 맞는 옷을 입으면 속옷의 라인이 그대로 비칠 수 있다. 만약 체형보다 작은 사이즈의 속옷을 입는다면 살이 불룩하게 튀어나오고 큰 사이즈의 속옷을 입는다면 천의 여분이 겉으로 튀어나온다. 티셔츠나 얇은 니트 안에 레이스 브래지어를 착용하면 겉으로 속옷의 라인이 드러나기도 한다.

살집이 조금 있더라도 몸에 잘 맞는 사이즈의 속옷을 입으면 조금 붙는 옷도 그리 부담스럽지 않게 느껴진다. 살집이 있을수록 몸에 잘 맞는 속옷을 갖춰 입는 것이 더 중요하다.

여성의 경우 속옷에 따라 체형이 달라 보이고 그에 따라 입을 수 있는 옷들이 달라진다. 특히 브래지어는 반드시 오프라인에서 사이즈를 재고 입어본 뒤 사야 한다. 자신의 사이즈보다 작은 사이즈의 팬티를 입는 사람도 의외로 많다. 대단히 마른 경우가 아니라면 작은 사이즈의 팬티를 입으면 누구나 아래위로 살이 튀어나오기 때문에 핏이 딱 맞는 하의를 입기가 어려워진다. 팬티는 허리가 꼭 끼거나 양 옆선이 말려 들어가면 안 된다.

남성은 속옷을 입을 때 한 가지만 신경 쓰면 된다. 봉제선이 두꺼운 러닝셔츠(소위 말하는 난닝구)만 입지 말자. 셔츠나 니트를 입었을 때 러닝의 라인이 그대로 드러나면 원래보다 훨씬 더 나이 들어 보인다. 접근성이 좋은 스파 브랜드에서 이너를 장만하자. 라인이 두드러지지 않고 통기성도 좋아 이전의 러닝보다 훨씬 더 착용감이 좋을 것이다. 두드러지는 상체가 고민이라면 니플 패치를 활용해 보자. 신세계가 열릴 것이다.

　속옷의 중요성은 아무리 강조해도 지나침이 없다. 옷을 사기 전에 먼저 제대로 된 속옷부터 갖춰야 한다. 속옷은 보이지 않는 옷이 아니라 내 몸의 라인을 가다듬어 스타일링을 준비하는 첫 번째 관문이다. 온라인이나 홈쇼핑에서 속옷을 살 수 있는 사람은 오프라인 매장에서 그 사이즈가 분명하다고 판명된 사람뿐임을 명심하자.

스타일
체크포인트

01 맨살에 바로 닿는 만큼 속옷의 소재는 특히 신경 쓰자.

02 여름에는 냉감 소재, 겨울에는 보온이 되는 기능성 소재를
고르면 도움이 많이 된다.

03 피부가 예민하다면 순면을 추천한다.

04 모달, 텐셀 소재가 부드럽고 차르르 떨어져서 활동하기 특
히 편하다.

변화를 원한다면 하의부터 구입하라

스타일에 변화를 주고 싶을 때 제일 먼저 사야 하는 의류는 무엇일까? 특정한 종류를 구매하려는 목적이 없다면 매장에 들어가서 제일 먼저 상의를 살펴볼 것이다. 그 이유는 하의는 직접 입어보지 않는 이상 핏이 제대로 잘 맞는지를 알기가 어렵지만 상의는 내 얼굴에 대어 보기만 해도 분위기를 얼추 파악할 수 있기 때문이다.

그런 이유로 많은 사람이 아이쇼핑을 하다가 계획 없이 즉흥적으로 사게 되는 옷은 대부분 상의다. 문제는 그렇게 구입한 상의를 집에 가지고 와서 보니 같이 입을 옷이 마땅치 않을 때 발생한다. 언젠가 같이 입을 만한 하의가 생기면 입어야

겠다고 생각하지만 마음먹고 계획해서 쇼핑하지 않는 이상 그 '언젠가'는 좀처럼 오지 않는다. 이런 일이 반복되면 안타깝게도 한 번도 입지 않고 그냥 걸려 있는 옷이 늘어난다.

상하의를 어울리게 입으려면 어떤 법칙을 제대로 알아야 하는 게 아닌가 싶을 수도 있지만 걱정은 내려놓자. 법칙을 외우지 않아도 되는 간단한 팁이 있다. 바로 하의부터 고르는 것이다. 스타일 변화를 요청하는 고객과 퍼스널 쇼핑을 갈 때 내가 제일 먼저 골라주는 옷은 언제나 하의다.

먼저 자신이 원하는 콘셉트에 어울리는 하의를 생각해 보자. 여성의 경우는 스커트와 슬랙스 중에 더 콘셉트에 맞는 하의를 선택하면 된다. 스커트를 골랐다면 원하는 콘셉트를 떠올려 보면서 적합한 기장과 실루엣을 선택하자. A라인의 스커트와 H라인의 스커트는 완전히 분위기가 다르다. 소재와 색상까지 선택하면 하의가 결정될 것이다. 어떻게 입어야 할지 막막했다면 하의가 결정되고 난 후에는 결정이 쉬워진다. 그 하의에 맞춰서 콘셉트에 어울리는 상의를 고르면 되기 때문이다.

코로나 기간 동안 비대면 활동이 늘면서 직업에 따라 온라인상으로 얼굴만 보여도 괜찮은 사람들이 있었다. 강의를 하면서 위에는 재킷을 입었지만 밑에는 파자마를 입은 채였다는 이야기를 심심찮게 들었는데 그 모습을 상상만 해도 웃음이 났다. 만약 그렇게 입은 사람을 실제로 본다면 어떤 생각이 들까?

사람들의 스타일에 관심이 많은 나는 길을 걷다가 상의에
는 꽤 신경을 썼지만 하의의 중요성을 간과하고 옷을 입은 사
람을 종종 본다. 정장 와이셔츠에 캐주얼 반바지를 입은 중년
남성을 생각해 보라. 쉬폰 블라우스에 추리닝 바지를 입은 여
성도 우스워 보이기는 마찬가지다. 하의 때문에 전체적인 스타
일이 완전히 '깬다'는 느낌을 줄 수 있다.

　다양한 하의가 옷장에 구비된 사람이 아니라면, 쇼핑을 갈
때 내가 원하는 콘셉트의 스타일에 맞는 하의를 입고 가서 상
의를 고르는 것을 권한다. 새로운 상의를 샀지만 그에 어울리
는 하의가 없어서 옷을 입지 못했던 경험이 한 번이라도 있다
면 이것을 기억하자. 내 스타일의 콘셉트는 상의와 상의하지
말고 하의와 상의해야 한다는 것을.

스타일
체크포인트

01 내가 원하는 콘셉트에 맞는 하의의 종류를 고른다.

    (ex. 캐주얼 슬랙스, 정장 슬랙스, 스커트, 청바지 등)

02 퍼스널 컬러가 웜톤인 경우: 브라운, 베이지, 카키 계열에

    서 선택한다.

    퍼스널 컬러가 쿨톤인 경우: 블랙, 네이비, 그레이 계열에

    서 선택한다.

03 콘셉트와 내 체형에 어울리는 하의의 실루엣을 선택한다.

    (ex. 바지: 스트레이트, 와이드, 부츠컷 등. 스커트: H라인, A라

    인, 머메이드 라인 등)

04 상황과 분위기에 맞는 소재를 고른다.

    (ex. 모직, 면, 마, 가죽, 실크 등)

옷 수선은 필수다

자신의 체형이 일반적이지 않아서 옷을 살 때 잘 맞는 사이즈를 찾기가 너무 어렵다는 이야기를 자주 듣는다. 이런 사람들의 공통점은 평균 사이즈가 몸에 잘 맞지 않는다는 것이다.

남성의 경우 옷 입기를 어렵게 만드는 요인은 대개 뱃살이다. 허리 사이즈가 커질수록 통이 넓어져 하의의 핏이 헐렁해지는데 자칫 나이가 더 들어 보일 수 있다. 몸통은 날씬한데 팔이 평균보다 길어서 팔 길이에 맞추면 너무 품이 커져 고민이라는 이야기도 종종 듣는다.

여성의 경우 허리는 얇은데 엉덩이가 큰 체형이라면 바지 사이즈를 고르기가 쉽지 않다. 엉덩이에 맞추면 허리 사이즈가 너무 커질 수 있기 때문이다. 특히 체형이 작은 경우에는 평균 사이즈를 입었을 때 소매나 하의 기장이 남아돌고 반대로 키가 큰 체형의 경우는 깡뚱하니 짧은 느낌이 든다. 이런 이유로 기성복에는 내 몸에 맞는 사이즈가 없다며 찾기를 포기하거나 옷을 사는 데 스트레스를 느끼는 사람을 많이 보았다.

하지만 한번 생각해 보자. 기성복 브랜드에서 내 몸에 딱 맞는 사이즈를 찾는 건 사실 쉬운 일이 아니다. 브랜드마다 같은 사이즈라도 기장이나 핏이 다르다. 설령 내 몸에 좀 더 잘 맞는 사이즈가 나오는 브랜드라 하더라도 모든 치수가 정확하게 잘 맞아떨어지기는 어렵다.

사실 기성복은 중간값의 체형을 토대로 디자인해서 대량 생산하는 만큼 각기 다른 체형을 가진 사람 모두에게 딱 맞기란 애초에 불가능하다. 그러니 기성복 사이즈에 내 몸을 어떻게든 맞추겠다는 생각으로 불필요한 스트레스를 받지 말자.

그럼 사이즈를 어떻게 골라야 할까? 수선이 어려운 부분, 즉 상의는 어깨, 하의는 엉덩이 둘레나 바지통의 사이즈를 먼저 맞춘다. 그 외에 허리 둘레나 기장과 같이 간단히 조정할 수 있는 부분은 수선할 것을 염두에 두고 옷을 고른다.

재킷이나 아우터는 소매 기장에 따라 남의 옷과 내 옷의 경계가 달라진다. 남의 옷을 빌려 입은 것 같은 느낌을 주고 싶지 않다면 소매 기장을 내 몸에 맞게 조정하자. 아우터는 어깨 사이즈를 맞추는 게 가장 좋다. 언젠가 정말 마음에 드는 재킷을 발견했는데 외국 브랜드이다 보니 소매 기장만 지나치게 길었다. 소매 기장을 내 팔에 맞게 수선했더니 맞춤으로 만든 옷처럼 핏이 딱 맞았다. 소매를 접어 입는 것이 자연스러운 경우를 제외하면 아우터는 반드시 수선이 필요하다.

　남성의 경우 바지를 살 때 꼭 알려주고 싶은 게 있다. 배가 나온 사람이라면 특히 자신의 허리 사이즈에 맞추어서 사는 건 추천하지 않는다. 전체적인 통이 체형에 딱 떨어지는 핏을 고르고 허리가 작다면 허리만 사이즈를 늘리면 된다. 여성의 경우는 엉덩이 둘레에 맞는 사이즈의 바지 또는 스커트를 고르고 허리 부분이 남는다면 허리 사이즈만 줄이면 된다. 전체적인 핏은 잘 맞는데 소매나 바지의 기장이 짧다면 기장을 가능한 만큼 늘리면 된다.

　핏이 잘 안 맞아도 수선비가 아까워서 그냥 입는다는 분들에게 하고 싶은 이야기가 있다. 수선비를 아까워하다가 당신의 모습이 안타까워질 수 있다. 나에게 잘 맞는 옷이 내 가치를 높인다. 이제 옷을 살 때는 수선이 기본값이라고 생각하자.

스타일
체크포인트

01 백화점에서 옷을 구매하면 수선 서비스를 이용할 수 있다. 무상이면 당연히 좋고, 유상이어도 내게 맞는 옷을 오래 입기 위해 투자할 만한 가치가 있다.

02 핏이 트렌드에 안 맞지만 소재가 아까운 옷이 있다면 수선을 시도해 보자. 트렌드에 맞는 핏으로 수선해 옷을 더 오래 입을 수 있다.

퍼스널 컬러 맞추기는
이것만 기억하자

퍼스널 컬러 진단이 대중에게 확산된 지도 벌써 10여 년이 지났다. 이제는 회사에서 단체로, 혹은 친구와 진단을 받아보았다는 사람들을 심심치 않게 만날 수 있다. 그런데 진단을 받았다는 사람들에게 퍼스널 컬러를 활용해서 옷을 입고 있는지 물으면 실제로 옷을 입을 때 적용하기 어렵다는 대답을 꽤 자주 듣는다. 막상 옷을 사러 가면 퍼스널 컬러에 맞는 옷을 찾기가 쉽지 않다는 것이다.

그럼에도 불구하고 퍼스널 컬러를 제대로만 활용하면 스타일에 큰 변혁이 일어난다. 색이 주는 시각적 효과가 상당하기 때문이다. 가지고 있는 옷의 전체적인 색감이 통일되면 상하의

코디가 쉽고 연결감이 생겨 세련된 분위기가 연출된다.

퍼스널 컬러를 스타일에 적용하고 변화를 주기 위해서 꼭 기억해야 할 것을 알아보자. 퍼스널 컬러는 따뜻한 색감인 웜톤과 차가운 색감인 쿨톤으로 나뉜다. 그리고 웜톤은 봄과 가을, 쿨톤은 여름과 겨울로 네 가지 계절 타입으로 나뉜다. 이를 다시 명도와 채도에 따라 봄 브라이트와 라이트, 여름 라이트와 뮤트, 가을 뮤트와 딥, 겨울 브라이트와 딥으로 분류한다. 더 세분화하는 경우도 있지만 이 정도만 구분해도 충분하다.

퍼스널 컬러는 얼굴 가까이에 있는 상의 색에 적용하는 것이 중요하다. 안색에 직접적으로 영향을 주기 때문이다. 하지만 상의 컬러를 결정하기 전에 하의에 밝은 색감을 쓸지 어두운 색감을 쓸지 먼저 결정하는 것이 좋다. 하체가 상체보다 살집이 있는 체형이라면 하의는 어두운 색감으로 고르고, 상체가 더 살집이 있는 체형이라면 하의는 상체보다 좀 더 밝은 색감으로 고르는 것이 체형의 밸런스를 맞추기 좋다.

만약 퍼스널 컬러가 웜톤이고 하체에 살집이 있는 체형이라면 하의 색은 명도가 낮아 어두운 브라운, 카키 계열에서 고르는 것이 무난하다. 하체가 마른 경우는 팽창감을 줄 수 있는 아이보리, 밝은 베이지, 연한 카키 계열이 좋다.

만약 쿨톤이고 하체는 날씬한 편이지만 상체가 살집이 있는 체형이라면 하의는 밝은 색감의 그레이, 블루 계열로 고르고, 반대로 하체 비만은 블랙, 다크 그레이, 네이비 계열로 고르는 것이 좋다. 하의를 고른 후에 상의의 색상은 자신의 퍼스널 컬러를 고려해서 하의와 어울리게 선택하면 전체적인 조화를 맞출 수 있다.

옷을 사러 가기 전에 나에게 어울리는 색이 무엇인지 알아둘 필요가 있다. 보통 옷을 사러 매장에 가면 셔츠 하나를 고를 때도 여러 색상을 다 입어보게 된다. 내 퍼스널 컬러를 확실히 알고 있으면 불필요한 시착을 줄일 수 있다. 무난하다고 여겨지는 무채색 계열도 사실 퍼스널 컬러를 알고 보면 내 피부색에는 어울리지 경우가 많다.

웜톤과 쿨톤 중 어떤 계열이 어울리는지만 알아도 시행착오를 많이 줄일 수 있다. 한 번쯤은 진단을 받아볼 것을 권하고 싶다. 퍼스널 컬러에 대한 인지가 없는 경우 자기가 좋아하는 색상의 옷을 입고 싶어 하는데, 내 얼굴을 더 돋보이게 하는 색상을 고르는 것이 더 중요하다.

어떤 옷을 입었을 때 내 얼굴보다 옷의 색상에 더 시선이 간다면 성공적인 선택이라고 하기 어렵다. "옷의 컬러가 눈에 띄네요!"라는 말보다 "오늘 왠지 평소보다 얼굴이 더 좋아 보이는데요"라는 말을 들을 때가 나에게 잘 어울리는 색상일 확률이 높다. 퍼스널 컬러는 나를 더욱 돋보이게 하는 색이라는 걸 기억하자.

나를 더욱 매력적으로 만들어주는 퍼스널 컬러에 맞게 옷을 갖

추고 있는지 아래 질문에 따라 점검해 보자.

01 퍼스널 컬러 진단을 받아본 적이 있는가?

02 웜톤과 쿨톤 중 내게 어떤 톤이 어울리는지 알고 있는가?

03 내게 어울리는 톤으로 스타일링을 하고 있는가? 그러지 못

하고 있다면 이유는 무엇인가?

04 내 옷들은 퍼스널 컬러에 맞는가?

05 퍼스널 컬러에 맞게 구비할 수 있도록 필요한 옷의 목록을

작성해 보자.

액세서리가 스타일을 완성한다

TPO를 고려하고 퍼스널 컬러와 체형에 맞는 옷을 찾아서 입었음에도 어딘지 모르게 분위기에 아쉬움이 남을 때가 있다. 그건 바로 스타일을 더해주는 액세서리가 없을 때다. 옷을 잘 입는 데에만 집중하다 보면 자칫 적절한 액세서리의 활용을 간과할 수 있다. 액세서리는 의상만으로 부족한 에지와 감각을 더하고 전체적인 분위기를 연출해 주는 중요한 요소다.

스타일 강의를 할 때면 액세서리의 디자인이나 착용 유무에 따라 전체적인 이미지가 얼마나 달라 보이는지를 직접 시연한다. 남성의 경우는 벨트나 시계에 따라 분위기가 달라지고 여성의 경우는 스카프나 포인트가 있는 귀걸이를 착용하기만

해도 같은 옷이 전혀 다르게 보인다.

한 문장을 쓸 때 마지막 문장부호에 따라 전체 문장의 의미가 얼마나 달라지는지를 생각해 보라. 액세서리의 역할이 바로 그와 같다. 그 의상에 어떤 액세서리로 방점을 찍었는지에 따라 전체 룩의 메시지가 달라질 수 있다.

어떤 스타일의 이미지를 원하는지에 따라 액세서리의 역할은 더욱 크게 작용할 수 있다. 감각적인 이미지를 더하고 싶을 때는 심플한 디자인의 의상에 조형적인 특징이 있는 액세서리를 써보자. 의상의 컬러나 패턴으로 힘을 주는 것보다 더 세련되면서 드라마틱한 효과를 준다.

귀걸이에 따라 얼굴의 분위기가 달라질 수 있다. 전체적인 스타일이 어떤 분위기를 지향하는지를 고려해서 귀걸이를 골라야 한다. 페미닌룩에는 진주나 드롭형의 귀걸이가 어울린다. 심플한 이미지에는 너무 작은 액세서리보다는 포인트가 될 수 있는 볼드한 귀걸이가 더 세련되어 보일 수 있다. 귀걸이를 고를 때도 작은 거울로 얼굴만 비춰 볼 것이 아니라 전신 거울에서 전체적인 느낌을 같이 확인하는 것이 좋다.

패션 피플의 특징 중 하나는 반지를 잘 활용한다는 것이다. 요즘 연예인의 액세서리 스타일링을 보면 여러 개의 반지를 레이어링한 것을 자주 볼 수 있다. 어느 정도가 세련되고 적절해 보이는지 그들의 스타일링을 참고해 보아도 좋다.

손목시계의 경우 사실 한 권의 책이 나올 정도로 다양한 범주의 이야기를 할 수 있지만 중요한 것은 나의 라이프스타일이다. 스포츠 활동을 즐기는 사람이라면 비싸고 무거운 손목시계보다 스마트워치가 훨씬 더 잘 어울리는 액세서리가 될 수 있다. 올드머니룩과 같은 고급스러운 분위기를 지향하는 사람이라면 클래식한 시계를 고르는 데 주의를 기울이길 권한다.

　　안경을 쓴다면 평소 자신이 추구하는 이미지를 고려해서 얼굴형에 어울리는 안경테를 기본으로 고른다. 더불어 상황에 따라 평소와는 다른 분위기의 안경테를 가지고 있으면 다양한 스타일 연출에 도움이 된다. 30대 직장인 남성 A 씨는 지적인 분위기를 원해서 얇은 금속 안경테를 쓰고 있었는데 보다 개성 있는 스타일로 변화를 원했다. 퇴근 후 취미로 밴드를 하는 그가 카키색의 각진 뿔테 안경을 쓰고 나서 이후 그의 스타일에도 변화가 생겼다. 다소 평범하고 밋밋했던 그의 이목구비도 더욱 개성 있는 인상으로 바뀌었다. 스타일에 변화를 주고 싶다면 안경테를 바꾸는 것부터 시작해 보자. 안경은 제2의 이목구비다.

　　액세서리 스타일링은 나를 디자인하는 과정에 재미와 활력을 불어넣어 준다. 전신 거울 앞에서 다양한 액세서리로 오늘의 나를 연출해 보자. 스타일에 마침표를 찍을지 느낌표를 찍을지 설레는 상상을 하면서.

스타일
체크포인트

◆

01 액세서리에도 내게 어울리는 컬러와 질감이 있다. 골드, 실버, 로즈골드 색상과 유광, 무광 재질의 액세서리(귀걸이, 목걸이, 반지, 손목시계 등)를 시착해 보자.

02 어떤 색상과 질감이 내 피부와 조화를 이루며 자연스럽게 어울리는지 자세히 알아본다. 피부색이 탁해 보이거나 액세서리만 튀지는 않는지 살펴보자.

03 의상의 분위기에 따라 액세서리의 디자인을 다르게 시도해 보자. 모든 의상에 같은 디자인의 액세서리 세트를 착용하는 건 지양하자.

04 어떤 색상과 재질, 모양이 잘 어울리는지, 어떤 옷과의 조합이 좋았는지 기록해 보자.

그 옷에 어울리는 구두가 없다면

길을 걷다가 사람들의 모습을 관찰해 보면 그 사람이 신은 구두 때문에 전체적인 스타일이 좋아 보이지 않는다고 느낄 때가 꽤 있다. 구두는 그 어떤 패션 아이템보다 스타일의 코드를 결정하는 비중이 크기 때문이다. 그래서 패션에 관심이 있는 사람일수록 기본 디자인부터 다양한 스타일의 구두를 가지고 있는 경우가 많다.

퍼스널 쇼핑에서 빠지지 않는 것이 바로 구두를 사는 일이다. 퍼스널 쇼핑을 마친 뒤 고객에게 꼭 확인하는 것은 지금 산 옷들에 어울리는 구두를 갖고 있느냐의 여부다. 스타일의 변화가 필요한 고객일수록 새로운 스타일에 어울리는 구두를 가지고 있지 않을 확률이 높다.

발볼이 유난히 넓거나 족저근막염 등으로 구두를 신는 것을 꺼리는 분들을 자주 만난다. 그들은 모두 구두를 신는 것이 어려워 스타일 변화가 어렵다고 호소했다. 굽이 있는 신발을 신기 힘들어서 운동화를 주로 신는데, 그러다 보니 자신이 원하는 스타일로 연출하기가 쉽지 않다는 것이다.

스타일에 관심이 없거나 옷을 대충 입는 사람은 디자인이나 색을 고려하지 않고 같은 신발을 돌려 신는 경우도 많다. 운동화만 고집한다면 아무래도 스타일에 변화를 주는 데 한계가 있다. 평상시 편한 옷에 운동화만 신는 사람들의 경우 갖춰진 옷을 산다 해도 그 옷에 어울리는 신발이 없어서 못 입는 경우가 발생하기 때문이다. 그래서 스타일 변화를 위해서 쇼핑을 할 때는 항상 옷을 사고 나서, 어울리는 신발을 같이 사라고 말한다.

가장 좋아하는 옷을 입고 전신 거울 앞에 서서 신발을 바꿔 신어보자. 신발에 따라 전체적인 스타일이 어떻게 달라지는지 확인할 수 있다. 만약 원피스를 입고 있다면 운동화와 단화의 느낌이 어떻게 다른지, 구두의 컬러나 앞코의 모양에 따라 분위기가 어떻게 달라지는지 비교해 보자. 실제로 똑같은 옷이라도 운동화를 신었는지 로퍼를 신었는지, 앞코가 뾰족한 슬링백을 신었는지에 따라 분위기가 달라진다.

상의와 하의를 어울리게 갖추어 입어도 신발이 받쳐주지 못하면 전체적인 이미지의 흐름이 단번에 깨질 수 있다. 그러니 원하는 이미지를 방해하지 않고 스타일에 자연스럽게 녹아드는 가장 심플한 디자인의 기본 구두부터 사자. 의상에 구애받지 않기 위해서는 일단 장식이 있는 디자인은 제외한다. 구두로 눈에 띄는 포인트를 주겠다는 욕심은 일단 내려놓자.

남성의 경우 운동화를 제외하면 심플한 디자인의 스니커즈나 로퍼가 기본 아이템이다. 세미 정장룩에서 캐주얼 스타일까지 두루두루 연출이 가능하기 때문이다.

여성의 경우 주로 입는 하의의 색상에 따라 블랙이나 베이지 계열의 컬러를 기본으로 고르면 좋다. 굽이 있는 신발을 즐겨 신는 경우에는 5~7센티미터 정도 미들굽에 앞코가 약간 뾰족한 스타일을 고르는 것이 다리가 길어 보인다. 굽이 없는 신발을 선호하는 경우에는 마찬가지로 무늬나 장식이 없는 심플한 디자인의 스니커즈나 가죽 단화를 고르는 것이 좋겠다. 조금 더 관심을 가지고 노력을 기울이면 자신이 신을 수 있는 구두의 범위가 넓어질 수 있으니 변화에 도전해 보자.

스타일
체크포인트

01 신발은 비용을 더 투자해서라도 품질이 좋은 제품을 사길
   권한다. 걸으면서 발에 느껴지는 피로도가 몸 전체의 건강
   과 직결되기 때문이다.

02 깔창과 굽의 쿠션감이 충분한지, 신고 걸을 때 신발이 너무
   무겁지는 않은지 체크해 보자.

03 브랜드 매장에서 신발을 구매하면 발볼과 발 길이에 맞게
   맞춤 제작이 가능하다. 평소 기성화가 발에 잘 맞지 않았다
   면 맞춤으로 주문하여 신어보자.

04 현재 있는 신발을 나열해 보고 옷에 맞춰 어떤 신발이 더
   필요한지 생각해 보자.

고급스러움은 소재에서 완성된다

스타일에서 어떤 이미지를 원하냐고 질문할 때 고급스러운 이미지라는 답을 자주 듣는다. 일명 있어 보이는, 부티 나는 스타일이라고도 하는데 가능하면 같은 옷을 입어도 좀 더 고급스러운 분위기를 원한다는 말이다. 한동안 올드머니룩(태생이 부자인 사람이 입을 법한 클래식하면서도 고급스러운 스타일)이 대세가 된 이유는 많은 사람이 실제보다 부유해 보이고 싶은 욕망을 가지고 있기 때문일 것이다.

그렇다면 스타일에서 고급스러움을 결정짓는 요인은 무엇일까? 바로 상하의의 컬러 조합, 옷감의 소재, 그리고 핏이다. 이 세 가지 요인만 잘 고려하면 같은 가격의 옷이라도 훨씬 더 고급스러워 보이는 효과를 줄 수 있다.

상하의는 무채색을 제외하면 되도록 같은 색상 계열의 조합이 좋다. 톤온톤이라고 부르며 비슷한 색상 계열에서 톤만 다르게 조합하는 것을 뜻한다. 아이보리와 베이지, 블루와 네이비 등의 매칭이 전형적인 톤온톤의 컬러 조합이다. 고급스러운 스타일 연출을 위해서는 쨍하게 높은 채도의 비비드 컬러는 되도록 지양하는 것이 좋다. 부드럽거나 차분한 느낌이 드는 뮤트한 색감이 유리하다.

고급스러움을 결정하는 또 다른 요인은 바로 옷감의 소재다. 요즘은 스파 브랜드에서 상대적으로 저렴하게 옷을 살 수 있지만 저렴해진 만큼 소재의 퀄리티를 확인해 봐야 한다. 같은 아이보리 컬러의 니트라면 아크릴 소재와 캐시미어 소재는 육안으로만 봐도 차이가 난다. 스타일에서 트렌디한 이미지보다 고급스러움을 중요하게 여기는 사람이라면 무조건 소재가 좋은 옷을 선택하라고 말해주고 싶다.

소재를 감안하여 완성되는 핏의 중요성을 놓쳐서는 안 된다. 소재의 두께에 따라 내 몸에서 흐르는 핏도 달라지니 유의하자. 지나친 오버사이즈보다는 살짝 여유가 있거나 어깨나 기장이 자신의 몸에 잘 맞는 클래식한 핏을 추천한다. 깡뚱하게 떨어지는 기장은 고급스러움과는 거리가 멀어지니 주의한다.

어떤 액세서리를 활용하느냐에 따라서도 한껏 연출한 고급스러움을 한순간에 무너뜨릴 수 있으니 마지막까지 세심하게 신경 쓰길 바란다. 앞서 말한 조건을 다 충족시킨 옷차림에 귀여운 장식을 주렁주렁 단 크록스나 번쩍이는 구두를 신었다고 생각해 보면 이해하기 쉬울 것이다.

이제 본격적인 실습이 필요하다. 먼저 가지고 있는 옷 중 가장 고급스러운 분위기를 연출할 수 있는 하의를 골라서 입어 보자. 앞서 언급한 세 가지 요인을 기억하면서 클래식한 분위기가 연출될 수 있는 스커트나 바지를 선택하면 된다.

이제 소위 기본 아이템에서 결코 빼놓을 수 없는 고급스러운 흰색(웜톤은 아이보리나 베이지 계열이 잘 받는다) 셔츠를 입어 보자. 골라 입은 하의에 그 셔츠를 입었을 때 어떤 분위기가 느껴지는가? 기존에 입었던 스타일과 비슷한 조합이라도 확연히 다른 고급스러움이 느껴진다면 성공이다.

01 갖고 있는 옷 중에 가장 고급스러운 소재와 내게 정사이즈
로 맞는 핏의 하의를 제일 먼저 고른다.

02 그 하의를 입은 채로 함께 입을 상의를 사러 간다. 튼튼한
고급 소재와 완성도 높은 마감의 베이직한 스타일의 흰색이
나 아이보리 색의 셔츠부터 시착해 보자.

03 같은 색상 계열 안에서 하의, 상의, 아우터까지 조합해 나
가면서 전체적인 핏을 계속해서 체크하자. 구두는 전체적인
톤에 어울리면서 굽이 높지 않고 소재가 고급스러운 가죽이
나 스웨이드 타입을 추천한다.

04 세 가지를 기억하라. 톤온톤 컬러, 소재, 핏이다.

내가 원하는 스타일의
콘셉트를 찾는 법

스타일의 변화를 원한다면 쇼핑을 하기 전에 예행연습이
필요하다. 자신이 원하는 스타일 콘셉트를 정하고 그 콘셉트에
맞는 이미지 맵을 구성해 보고 눈으로 확인하는 일이다.

패션에 관심이 있는 사람이라면 잡지에서 마음에 드는 의
상 사진을 오려서 모아본 경험이 있을 것이다. 이미지 맵은 그
작업과 비슷하다. 이미지 맵은 자신이 추구하는 스타일을 떠올
려 보고 실제 착장 사진을 찾아서 모아보는 작업이다.

나는 항상 퍼스널 쇼핑이나 스타일 수업을 신청한 사람들
에게 자신이 원하는 스타일 콘셉트를 정하고 이미지 맵을 만
들어보라는 과제를 준다. 그런데 사람들이 제출한 과제를 보면

원하는 이미지가 보이기보다는 그냥 평상시에 끌렸던 스타일이나 지금 당장 입을 수 있을 것 같은 스타일을 고르는 경우가 많다. 우아하고 고급스러운 이미지를 원한다고 해놓고 집 앞에서나 입을 법한 편한 캐주얼 스타일을 이미지 맵에 잔뜩 채워 넣는 식이다.

평소 스타일에 관심이 없는 사람에게는 이 작업이 그리 쉽지 않다. 그런데도 나는 자신이 원하는 스타일 이미지를 사진으로 꼭 찾아볼 것을 요구한다. 쇼핑도 공부와 마찬가지로 예습을 해야 좋은 결과를 거둘 수 있기 때문이다. 이미지 맵은 본인이 원하는 스타일이 실제로 구현되었을 때 어떤 느낌인지를 자신의 눈으로 확인해 보는 기회다. 평소에 입었던 스타일이 아닌 콘셉트의 변화를 연출하기 위해서는 이전과 다른 새로운 시각이 필요하다.

처음 시도하는 스타일이더라도 자신이 원하는 콘셉트와 일치한다면 그 옷은 입어볼 이유가 충분하다. 그러니 사전에 이미지 맵을 통해 시각적으로 인지하면서 스스로를 이성적으로 납득시킬 수 있다.

편안하고 부드러운 이미지가 필요할 때

....

강한 인상을 가진 사람들은 스타일 코칭을 받을 때 대개 편안하고 부드러운 이미지를 원한다. 인상이 강해서 오해를 산 경험이 있는 탓에 스타일로 변화를 주고 싶어 한다. 한 고등학교 선생님은 평소 입는 옷의 색상이 모두 검은색과 남색이었는데 퍼스널 컬러 진단 결과 밝고 따뜻한 색인 봄 웜톤이 어울리는 사람이었다. 톤에 맞게 옷의 색상을 바꾸자 학생들로부터 인상이 부드러워졌다는 이야기를 듣게 되었다고 한다.

어느 금융회사 대표는 딱딱하고 강한 인상 때문에 자신이 하는 일을 오해받는 경우가 잦았다고 한다. 어두운색의 정장에서 벗어나 캐주얼한 분위기가 느껴지는 세미 정장 스타일로 변화를 주고 따뜻한 색감의 니트와 밝은색의 하의로 스타일링을 하자 만나는 고객들에게 신뢰와 호감을 얻게 되었다는 피드백을 받았다. 이처럼 편안하고 부드러운 이미지를 연출하기 위한 아이디어는 이 외에도 많다. 아래 구체적인 예시를 소개한다. 답이 정해져 있는 것은 아니지만 새로운 시각으로 접근하는 데 도움이 될 수 있다.

소프트 컬러 팔레트
파스텔 톤의 연한 핑크, 베이지, 라이트 블루, 민트, 라벤더와 같은 부드러운 색상은 평온하고 온화한 이미지를 만든다. 중립적인 톤의 베이지, 크림, 회색, 라이트 브라운 같은 뉴트럴 컬러는 따뜻하고 편안한 느낌을 주며, 강렬한 인상보다는 자연스러움을 강조한다.

부드러운 소재

촉감이 부드러운 니트 소재의 스웨터나 카디건은 편안하면서도 아늑한 느낌을 준다. 가볍고 통기성이 좋은 면이나 리넨 소재의 옷은 편안하면서도 자연스러워 보인다. 부드럽고 고급스러운 느낌을 주는 캐시미어는 따뜻한 분위기까지 더할 수 있어 겨울에 선택하면 좋다.

루즈핏 스타일링

너무 딱 붙기보다는 여유 있는 핏을 선택하는 것이 좋다. 느슨하게 떨어지는 블라우스, 오버사이즈 셔츠, 와이드 팬츠 등은 편안함을 강조하면서도 멋스럽게 보인다. 하지만 몸의 선이 너무 가려지지 않도록 허리선을 드러내는 벨트나 적당한 핏의 팬츠를 조합해 균형을 맞추는 것이 중요하다.

굽이 높지 않은 캐주얼한 신발

로퍼, 발레리나 플랫, 스니커즈 정도의 캐주얼한 스타일의 신발은 지나친 격식을 차리지 않으면서도 편안한 느낌을 준다. 딱딱한 신사화나 하이힐보다는 자연스러운 착용감을 주는 신발이 편안하고 부드러운 인상을 줄 수 있다.

심플한 액세서리

눈에 확 띄는 액세서리보다는 심플하고 세련된 것이 좋다. 골드나 실버 소재의 작은 목걸이, 귀걸이나 무늬가 크지 않은 스카프처럼 가볍고 장식이 적은 액세서리는 부드럽고 우아한 분위기를 더한다. 울이나 캐시미어 소재의 숄은 부드럽고 따뜻한 느낌을 줄 수 있다.

자연스러운 헤어와 메이크업

패션과 함께 헤어와 메이크업도 중요하다. 자연스럽게 컬이 들어간 웨이브나 낮게 묶은 포니테일 같은 헤어스타일에 내추럴 메이크업이 적합하다. 아이 메이크업은 최소화하고, 연한 색조의 립스틱과 뺨에 자연스러운 혈색을 더하는 블러셔 정도로 표현하면 된다.

소프트한 실루엣 강조

너무 각진 디자인보다는 부드럽게 떨어지는 실루엣의 플레어스커트나 카디건처럼 곡선이 자연스럽게 흐르는 옷이 좋다.

또한 허리나 어깨 부분이 둥근 라인의 옷을 선택하면 편안함을 살릴 수 있다.

편안하고 부드러운 이미지를 위해서는 실제로 자신이 편안하게 느끼는 스타일을 선택하는 것도 중요하다. 강렬하지 않은 차분한 색상과 부드러운 소재를 잘 조합하는 것이 핵심이다.

감각적이고 트렌디하게 보이고 싶다면
....

감각적이고 트렌디한 이미지를 원할 때는 최신 트렌드와 나만의 스타일을 적절히 믹스하고, 자신의 개성을 살릴 수 있는 아이템을 활용하는 것이 중요하다. 트렌드에 너무 얽매이지 않으면서 자신에게 어울리는 컬러와 실루엣을 선택적으로 반영하면 더욱 멋진 스타일을 완성할 수 있다.

트렌디한 아이템의 활용

매 시즌 유행하는 컬러를 한두 가지 정도 옷에 활용하면 트렌디해 보이기 좋다. 2024년 기준으로 예를 들면 디지털 블루, 라벤더, 카멜 같은 색상이 인기를 끌었다. 또한 옷은 기본적인 스타일로 심플하게 입은 채로 아우터나 재킷, 신발이나 가방 등의 아이템에서 임팩트를 주면 한층 감각적으로 보인다. 오버사이즈 재킷, 크롭 재킷, 혹은 롱 부츠 같은 유행 중인 소품으로 과감히 도전해 보자.

체크, 플로럴, 애니멀 프린트 등 다양한 패턴을 믹스매치하는 것도 트렌디한 감각을 살릴 수 있는 방법이다. 단, 패턴 간의 조화를 각별히 신경 써야 과하지 않으면서 세련된 느낌을 줄 수 있다. 다양하게 조합해 보면서 두 눈으로 직접 보고 감각을 익혀보자.

오버사이즈 실루엣

오버사이즈 실루엣은 패션에서 중요한 트렌드다. 오버사이즈 재킷이나 셔츠는 캐주얼하면서도 세련된 느낌을 준다. 루즈한 상의에 슬림하고 일자로 떨어지는 하의를 조합하면 스타일에 균형감을 줄 수 있다. 오버사이즈 바지나 코트도 트렌디한 선택이 될 수 있지만, 상의와 하의 모두 루즈하게 입기보다는 하나만 오버사이즈로 선택해 균형을 맞추는 것이 좋다.

레이어링 스타일

레이어드는 트렌디한 스타일링에서 핵심적인 요소다. 셔츠에 니트 베스트를 입거나, 재킷에 얇은 롱코트를 더하는 등 여러 겹을 활용해 스타일을 완성해 보자. 특히 다양한 질감의 소재를 함께 활용하면 감각적인 이미지가 강조된다. 셔츠 위에

뷔스티에를 입거나 얇은 터틀넥에 셔츠를 입고 오버사이즈 코트를 걸치는 것처럼 색다른 레이어드도 참고해 보자.

유니크한 액세서리

액세서리는 트렌디한 이미지를 완성하는 데 중요하다. 볼드한 귀걸이, 체인 목걸이, 두꺼운 반지 등으로 전체 룩에 포인트를 줄 수 있다. 그 외에도 투명한 아이템, PVC 가방이나 신발, 금속 액세서리 등을 추가하면 현대적이면서 감각적인 룩이 연출된다.

선글라스, 벨트, 미니 백으로도 세련된 이미지를 연출할 수도 있다. 특히 벨트로 허리 라인을 강조하는 것은 스타일리시해 보이는 좋은 방법이다.

트렌디한 신발

앵클부츠, 청키한 스니커즈, 플랫폼 샌들 같은 트렌디한 신발은 스타일의 전체적인 완성도를 높여준다. 신발을 최신 트렌드에 맞게 선택하면 스타일의 핵심 포인트로 활용할 수 있다. 청키한 스니커즈는 트렌디와 캐주얼을 둘 다 잡으며 매니시한 룩이나 스트리트 패션과도 잘 어울린다.

미니멀리즘과 맥시멀리즘의 조화

최근 트렌드는 미니멀리즘과 맥시멀리즘의 조화를 추구하는 경향이 있다. 기본적으로 미니멀한 아이템에 맥시멀한 액세서리나 디테일을 추가하면 센스 있고 세련되어 보인다. 예를 들면 깔끔한 슬림 핏 팬츠에 볼드한 귀걸이나 화려한 가방을 조합하는 식이다. 전체적으로 모든 소품에 너무 과하게 힘을 줘서 꾸미지 말고 한두 가지 아이템만 골라서 착용하는 것이 핵심이다.

텍스처와 소재에 집중

감각적인 이미지를 위해서는 소재와 텍스처에 신경 써야 한다. 가죽, 데님, 새틴, 벨벳 등 다양한 소재를 조합하면 개성 있는 분위기를 연출할 수 있다. 비닐이나 시스루 소재 같은 유니크한 텍스처는 미래지향적이면서도 트렌디한 이미지를 강조하므로 이 또한 좋은 시도가 될 수 있다.

매니시와 페미닌의 믹스

매니시한 아이템과 페미닌한 요소를 결합해 본 적이 있는가? 남성적인 블레이저에 여성스러운 스커트를 걸치거나 터프한 부츠에 레이스 소재의 상의를 입는 등 정반대 이미지의 아이템으로 스타일을 믹스해 보자. 상반된 스타일의 조화는 감각적이고 세련된 이미지를 만들어준다.

스트리트 패션에서 영감 얻기

스트리트 패션은 좋은 참고 자료가 된다. 오버사이즈 후드 티나 그래픽 티셔츠, 카고 팬츠 같은 스트리트 패션 요소를 믹스하면 개성 있고 현대적인 느낌을 줄 수 있다. 스트리트 스타일은 창의적이고 유연한 스타일링이 많아 자신만의 독특한 룩을 만들기 좋다.

화려한 프린트와 디테일

프린트가 강렬하거나 독특한 디테일이 들어간 옷, 대담한 그래픽 디자인이나 패치워크가 들어간 옷, 유니크한 컷아웃 디테일을 시도해 보자.

스타일
체크포인트

내가 원하는 콘셉트의 이미지 맵을 만들 때(191쪽 참고) 아래의 내용을 참고해 보자. 평소에 자주 손이 가지 않았던 스타일에 도전하기 쉬워질 것이다. 단, 모든 요소를 조합하는 것이 아니라 한두 가지를 선택해서 나에게 어울리게 연출하는 것이 중요하다.

편안하고 부드러운 이미지

01 색상

파스텔 컬러: 연한 핑크, 베이지, 라이트 블루, 민트, 라벤더

뉴트럴 컬러: 베이지, 크림, 회색, 라이트 브라운

02 소재

봄, 여름: 코튼, 리넨

가을, 겨울: 니트, 캐시미어

03 루즈핏

너무 붙지 않는 블라우스, 오버사이즈 셔츠, 와이드 팬츠

04 캐주얼한 신발

로퍼, 발레리나 플랫슈즈, 스니커즈

05 액세서리

작고 심플한 골드 또는 실버 목걸이와 귀걸이, 스카프

06 자연스러운 헤어스타일과 메이크업

07 곡선이 자연스럽게 흐르는 실루엣

감각적이고 트렌디한 이미지

01 포인트가 되는 컬러나 아이템

컬러: 매년 발표되는 올해의 팬톤 컬러를 참고

아이템: 크롭 재킷, 롱 부츠 등 과감한 액세서리

02 오버사이즈 실루엣 활용

03 다른 질감을 활용한 레이어드

04 유니크한 액세서리 활용

05 앵클부츠, 청키한 스니커즈 등 트렌디한 신발

06 미니멀리즘과 맥시멀리즘의 조화

07 소재와 텍스처

소재: 가죽, 데님, 새틴, 벨벳 등

텍스처: 시스루, 비닐 등 유니크한 매치 가능

08 매니시와 페미닌의 믹스

09 스트리트 패션

10 화려한 프린트와 디테일

프로페셔널해 보이는 사람의 비밀

취업 시장에서 이직을 준비하거나 직장에서 승진하고 싶은 사람은 자신이 전문적이라는 인상을 줄 필요가 있다. 이때 적절한 스타일링은 신뢰감을 더하고 리더십을 보여주는 중요한 수단이 된다. 옷차림은 나의 태도와 능력을 시각적으로 전달한다. 같은 말을 해도 준비된 인상을 보여줄 때 무의식적으로도 더 믿음이 간다. 이를 통해 업무 능력과 성과를 더욱 돋보이게 할 수 있다.

업계와 회사 문화에 맞는 옷차림을 파악하라

....

회사의 드레스 코드와 업계 특성을 고려하여 옷을 선택하는 것부터 시작한다. 금융, 법률 등 보수적인 환경에서는 클래식하고 정갈한 정장이 적합하고, 창의적인 업계에서는 감각 있고 스타일리시한 분위기의 세미 캐주얼에서 세미 정장룩이 적절하다. IT 분야에서는 약간 더 자유로운 비즈니스 캐주얼 룩이 적합하다.

회사의 공식적인 행사나 중요한 미팅에서는 격식을 갖춘 옷차림이 신뢰감을 주며 리더십과 책임감을 표현할 수 있다. 일상적인 사무실 환경에서는 과하지 않으면서도 편안하고 실용적인 스타일을 추구해 보자. 때때로 미팅이나 프레젠테이션이 있을 때는 조금 더 차려입으면 자신의 준비성과 열정도 간접적으로 드러낼 수 있다.

비즈니스 캐주얼 룩

비즈니스 캐주얼은 점차 많은 직장에서 기본적인 비즈니스 스타일로 자리 잡고 있다. 셔츠나 블라우스, 슬랙스, 재킷을 조합해서 격식을 차리면서도 편안한 룩을 연출한다. 셔츠나 블라우스는 깔끔한 라인을 선택하고, 캐주얼한 재킷을 걸치면 격식과 편안함의 균형이 맞춰진다.

신발은 클래식한 로퍼, 옥스퍼드 슈즈 등으로 깔끔하면서도 세련된 이미지를 준다. 신발은 종종 첫눈에 전체적인 인상을 좌우하므로 깨끗하고 잘 관리된 상태를 유지하는 것이 중요하다. 구두를 신는다면 너무 높은 굽보다는 단정하게 적당한 높이로 안정적이면서도 자신감 있는 이미지를 준다.

신뢰감을 주는 중립적이고 세련된 컬러

네이비, 그레이, 블랙, 화이트 같은 중립적인 컬러는 안정감과 신뢰감을 준다. 특히 네이비는 권위와 동시에 신뢰감을 표현하는 색상으로 자주 사용된다. 지나치게 화려하거나 강렬한 색상은 업무 환경에서 방해가 될 수 있으니 차분한 색감을 고른다.

포인트 컬러를 추가할 때도 튀지 않는 색을 선택한다. 예를 들면 블루 셔츠나 파스텔 계열의 이너를 활용하면 전체적으로 차분하면서도 세련된 느낌을 줄 수 있다.

깔끔한 테일러링과 핏

첫인상의 신뢰도와 직결되는 만큼 자신의 체형에 잘 맞는 맞춤형 옷이 매우 중요하다. 너무 붙거나 너무 큰 옷은 자칫 산만해 보이고 부주의한 인상을 줄 수 있다. 재킷이나 바지, 셔츠가 자신에게 잘 맞고, 어깨선이 정확하게 맞는 테일러드 의상은 전문성을 돋보이게 한다. 필요하다면 맞춤 제작을 하거나 수선을 통해 팬츠 또는 스커트의 핏도 적절히 조절해 세련되고 정돈된 인상을 주자.

고품질 소재

옷의 소재는 스타일에 한층 더 깊은 분위기를 연출한다. 면과 리넨, 울, 실크, 캐시미어 같은 고급 소재는 옷의 내구성도 높일 뿐만 아니라 세련되어 보이고 신뢰할 만한 이미지를 형성한다. 특히 회의나 프레젠테이션처럼 중요한 순간에는 주름이 잘 가지 않는 고급스러운 소재가 깔끔한 인상을 유지하기 유용하다.

단정한 액세서리와 디테일을 살린 미니멀한 스타일

승진을 목전에 두고 있다면 불필요한 디테일을 피하고 미니멀한 스타일을 선택하는 것이 좋다. 단정하고 간결한 라인의 옷이 프로페셔널한 인상으로 보인다. 화려한 패턴보다는 단색의 셔츠나 스트라이프 같은 절제된 패턴이 무난하다. 장식이 과한 옷도 피하자.

액세서리는 너무 많으면 산만해 보이므로 절제하자. 볼드한 주얼리나 지나치게 눈에 띄는 액세서리는 업무에 집중하기 어렵게 만들기도 한다. 작은 귀걸이나 클래식한 시계, 벨트 같은 아이템으로 크게 눈에 띄지 않으면서도 스타일의 마지막 한 끗을 완성할 수 있다.

지나치게 평범해 보이고 싶지 않다면 하나의 포인트 아이템을 추가해도 좋다. 넥타이나 스카프, 혹은 독특한 디자인의 신발이나 가방을 품질이 좋은 것으로 적절히 활용하면 전체적인 분위기를 살려준다.

지나치게 보수적인 옷차림보다 업데이트된 트렌드를 살짝 반영하는 것이 현대적이고 세련된 이미지를 줄 수 있다. 최신 트렌드의 컬러를 포인트로 사용하거나 트렌디한 디자인의 재킷을 입는 것만으로도 감각적인 이미지가 만들어진다. 자칫 과해져서 주객전도로 트렌드에 집착하지 않도록 주의하자.

스타일 외에 신경 써야 할 것

....

옷차림만큼 중요한 것이 청결과 외모 관리다. 기본 중의 기본이지만 기본을 제대로 지켰을 때 신뢰도 유지할 수 있는 법이다. 옷은 구김 없이 잘 다리고 신발도 주기적으로 관리하며 얼룩 없이 깨끗하게 유지한다. 헤어스타일도 단정하게 연출한다. 전체적으로 선이 단순하고 미니멀하면 프로페셔널한 인상이 돋보인다. 손톱과 피부 상태도 잘 관리된 모습이면 깔끔한 인상을 줄 것이다. 메이크업은 피부 톤을 고르게 하여 자연스럽게 보이고, 색조는 과하지 않게 혈색을 주는 정도의 립 제품을 바르면 정돈된 인상을 주는 데 도움이 된다.

옷을 어떻게 입느냐는 결국 그 스타일로 내가 보여주려 하는 태도를 결정하는 것이다. 신중히 스타일을 준비한 만큼 자신감 있는 태도로 행동하자. 좋은 자세와 당당한 표정은 만반의 준비를 마친 옷차림과 결합하여 시너지를 낼 것이다.

스타일
체크포인트

평소 직장을 다닐 때 나의 옷차림을 돌아보자.

01 어떤 스타일인가? 나와 같은 스타일을 입은 사람을 본다면
어떤 인상을 받을 것 같은가?

_____

_____

02 내가 회사에서 인정받고 싶은 스타일과 지금의 스타일이 일치하
는가? 아니라면 어떤 스타일로 어떤 인상을 주고 싶은지 생
각해 보자.

_____

_____

_____

_____

_____

옷 입기는 즐거운 놀이처럼

매일 똑같은 스타일에 변화를 주고 싶다고 말하면서도 함께 쇼핑을 가면 새로운 패션을 시도하는 걸 두려워하는 사람들이 많았다. 처음엔 그들의 반응이 잘 이해되지 않았다. 하지만 그 두려움의 이유를 묻고 파헤쳐 보니 내면에서 끊임없이 올라오는 마음의 소리 때문이라는 걸 알았다.

'이런 스타일이 정말 나에게 잘 어울릴지 모르겠어.'

'이렇게 입으면 너무 눈에 띄는 건 아닐까?'

'평소와 달라서 사람들이 나를 이상하게 보지 않을까?'

이미 알겠지만 스타일에 변화를 주기 위해서는 평소 입어보지 않은 아이템들의 조합을 시도해 보아야 한다. 그런데 그 모습이 스스로에게는 낯설 수 있다. 늘 알던 나의 모습과는 다르기에 어색하다고 느끼는 건 사실 당연한 일이다.

하지만 생각을 바꿔보자. 이전과는 다른 새로운 스타일을 입었다고 할지라도 나를 처음 보는 사람은 그 모습을 어색하다 여길 일이 거의 없다. 원래 그런 스타일이라고 생각할 테니까. 그러니까 그 모습은 오직 나에게만 어색하게 느껴진다는 이야기다.

만약 평소 늘 캐주얼한 청바지에 티셔츠를 입었던 사람이 단 한 번도 시도하지 않았던 꽃무늬 레이스 원피스를 입었다고 가정해 보자. 스스로는 그 모습이 굉장히 낯간지러울 수 있다. 하지만 그 모습을 처음 본 사람에게는 그저 원피스를 입은 한 사람일 뿐이다.

실제로 쇼핑 현장에서 정말 잘 어울리는 스타일을 찾으면 가능한 한 바로 그날에 구입한 옷을 입고 다녀볼 것을 권한다. 처음부터 새로운 스타일에 곧바로 적응하는 사람도 있지만, 몇몇 사람은 "저 정말 괜찮나요? 이상하게 보이지는 않나요?" 하면서 한참을 어색해한다. 하지만 반나절이 채 지나기도 전에 "계속 제 모습을 보니까 정말 잘 어울리는 것 같은데요"라며 대부분 자신의 모습에 적응한다.

일정이 없는 날엔 새로운 패션 시도하기

....

그럼에도 내가 아는 사람들에게 새로운 모습을 보여주기가 쑥스러울 수 있다. 그럴 때는 먼저 새로운 스타일을 입고 혼자 다녀볼 것을 권한다. 내가 아는 누구와도 만나지 않는 아무 일정이 없는 날이면 더 좋다. 그러다 거울에 비치는 내가 어떻게 보이는지 살펴보라. 눈에 익숙해지면 그 스타일을 판단하기가 더 쉬워진다.

30대 후반의 직장인 A 씨는 평소 늘 갖추어진 정장을 입었다. 연예기획사에서 자유로운 분위기의 업무를 시작하면서부터 스타일에 변화가 필요하다며 나를 찾아왔다. 평소 한 번도 입지 않았던 오버사이즈의 가죽 재킷에 카고 팬츠로 젊고 트렌디한 스타일을 골라줬다. 처음엔 어쩔 줄 몰라 하며 어색해하길래 젊은 층이 많이 모이는 장소에서 그대로 입고 다녀보라고 권했다. 막상 입어보니 어색한 느낌은 사라지고 자신이 표현하고자 하는 이미지와 일치한다는 느낌이 들었다고 했다. 이후 그 스타일에 적응한 A 씨는 업무 현장에 입고 나갔고 분위기가 그의 역할에 너무 잘 어울린다는 찬사를 들었다며 기뻐했다.

이전과는 전혀 다른 스타일을 시도해 보고 싶은 사람이라면 처음에는 부담 없는 가격대의 스파 브랜드로 연출해 볼 것을 적극적으로 권하고 싶다. 일단 직접 입어보면 상상과는 전혀 다른 느낌으로 다가올 수 있다. 나에게 딱 맞는 스타일을 찾기 위해서는 도전과 연습이 필요한 법이다.

과거 전문비서와 헤드헌터로 일했던 나는 업무의 특성상 정장을 주로 입었다. 이후 대학 강의를 나가면서도 클래식한 정장 스타일의 옷을 입곤 했는데 개인 비즈니스를 하면서부터 감각적이면서도 시크한 이미지로 콘셉트를 잡고 다양한 스타일을 시도하기 시작했다. 나 역시 처음에는 새로운 스타일에 적응하는 게 쉽지 않았다. 하지만 아무런 일정이 없는 날에 새로운 스타일을 시도해 보면서 나에게 어울리는 스타일링의 최소한의 법칙(TPO, 퍼스널 컬러, 체형을 고려하는 스타일)만 지키면 어떤 스타일이든 다양하게 소화할 수 있다는 걸 알게 되었다.

전신 거울 앞에서 셀프 스타일 점검하기
....

"집을 나설 때 신발까지 신고 전신 거울 앞에서 한 번 더 스타일을 점검해 보나요?"라고 물으면 절반 이상의 사람들이 고개를 가로젓는다. 보통은 옷장 앞에 붙어 있는 거울이나 신발장 앞에서 그저 쓱 보고 나가는 경우가 많았다.

"여기 거울이 길어 보여서 좋네요!" 사람들과 옷을 사러 가면 전신 거울 앞에 선 자신의 모습이 평소와는 다르게 보인다는 말을 자주 듣는다. 물론 대부분의 의류 매장에는 실제보다 약간 길어 보이는 거울이 마련되어 있다. 거울 속 모습이 좋아 보여야 옷을 사고 싶은 마음이 들기 때문이다. 매장에 비치된 거울이 우리를 착각에 빠뜨리기도 하지만 스타일을 제대로 보려면 전신 거울 앞에 서서 전체적인 옷태를 꼭 살펴봐야 한다.

옷장 안에 붙어 있는 거울이나 신발장 앞에 있는 거울은 사이즈가 작고 가까이에서 봐야 한다는 한계가 있어서 전체적인 스타일을 확인하기가 어렵다. 가능하다면 전신 거울을 따로 마련하자. 옷을 입고 조명과 배경으로 방해받지 않는 곳에서 조금 떨어져서 거울 속 모습을 살펴본다. 단, 거울 속에 보이는 사람이 내가 모르는 다른 사람이라고 생각해 보자. 잠시 눈을 감았다가 뜨고 다른 사람을 보듯 거울을 바라보자. 거울 속 사람의 스타일을 집중해서 살펴보자. 어떤가, 마음에 드는가?

내가 새로운 스타일을 시도해 보고 싶었던 이유는 무엇인가? 이전과는 다른, 새로운 나를 만나고 싶어서가 아니었는가? 스타일은 메시지다. 이제 스타일로 또 다른 나를, 나의 새로운 메시지를 표현해 보자. 어쩌면 당신이 원했던 곳에서 새로운 삶이 펼쳐질지도 모를 일이다.

스타일
체크포인트

스타일 셀프 점검 리스트

전신 거울 앞에 서서 아래 질문에 따라 하나씩 점검해 보자.

01 전체적인 이미지는 어떻게 보이는가? 내가 의도한 이미지 인가?

02 상의와 하의의 컬러는 어울려 보이는가?

03 허리선이 드러나고 다리 비율이 좋아 보이는가?

04 전체 컬러는 세 가지 이하인가?

05 구김이 있거나 낡아 보이는 부분은 없는가?

06 바지 아래에 주름이 가거나 기장이 지나치게 길지는 않은가?

07 거울 속 저 사람의 스타일이 마음에 드는가? 저 옷을 입은 사람에게 호감이 가는가?

08 저 사람에게 스타일을 조언한다면 어떤 이야기를 해주고 싶은가?

나이가 들어도 멋진 사람들의 비밀

오래전 함께 회사를 다녔던 한 지인은 결혼 직전까지 다이어트에 열을 올리며 외모 관리에 힘썼지만 결혼 후 무척이나 달라진 모습으로 내 앞에 나타났다. 남편과 주말마다 맛집을 찾아다니고 매끼 식사를 외식으로 때우면서 1년 만에 10킬로그램 이상 몸무게가 늘었다고 했다. 메이크업도 거의 하지 않고 펑퍼짐한 옷을 입고는 더 이상 외모를 가꾸는 일에는 관심이 없다며 결혼 전과는 전혀 다른 모습이 되어 있었다.

결혼을 하고 아이를 낳으면 스타일을 포기하고 살아도 괜찮은 걸까? 사람은 모두 같은 시간을 공유하며 살아가지만 어떤 마음으로 어떻게 관리하느냐에 따라 몸과 마음이 늙는 속도가 확연히 다르다. "저는 이제 나이가 많아요"라고 말하는 28세 여성과 "이제야 진짜 나의 전성기가 온 것 같아요"라고 말하는 45세 여성을 만난 적이 있다. 재미있게도 이 둘의 말은 얼굴과 몸에 고스란히 투영되어 나타났다. 나는 그들을 통해 젊음은 나이와 상관없이 눈빛에서 느껴진다는 것을 깨달았다. 나이가 들어도 자신을 사랑하고 꾸준히 관리하는 사람에게서는 긍정적인 아우라와 지적인 세련미, 범접할 수 없는 우아함이 느껴진다.

사회 전반에 걸쳐 '나이 듦'을 부정하면서 피하고 싶은 일로 바라보는 시선이 만연하다. 그러나 성숙한 사람은 나이가 들어 새로이 얻게 되는 능력이나 안목, 우아함에 만족하고 더 큰 기쁨을 느낀다. 더불어 변해가는 얼굴과 몸을 제대로 파악해 그에 맞는 옷을 입고, 온화하고 부드러운 미소를 유지해 자신만의 매력을 지켜나간다. 언제나 당당한 그들은 나이 들어가는 순간을 온전히 만끽하고 나답게 아름다워지는 과정이라 생각한다. 시간이 흐르는 것을 나이 듦으로 생각할지, 아니면 점점 더 아름답고 성숙해지는 여정으로 생각할지는 오로지 자기 자신에게 달려 있다.

나는 20대 때 지독하리만큼 외모에 집착했지만 늘 자신감이 없었다. 그러나 30대가 되고 외모에 대해 다른 관점을 갖자 내 모습에 자신감이 생겼고 실제로도 더 매력적이라는 이야기를 듣고 있다. 언제나 '좋은 외모를 가진 사람'이 아니라 '기분 좋은 느낌을 주는 사람'이 되기 위해 노력했기 때문이다. 40대 후반이 지난 지금도 "나의 '리즈 시절'은 항상 지금 이 순간"이라고 말한다. 20대 때로 돌아가고 싶단 생각을 단 한 번도 해본 적 없을 만큼 지금의 나에게 만족한다. 사실 그때는 풋풋했지만 모든 일에 서툴렀고 마음이 성숙하지도 않았으며 잘 어울리는 스타일도 알지 못했다. 오랜 시간 수많은 시행착오를 겪고 나니 나만의 노하우가 생겼고 '어떻게 하면 때와 상황에 맞게 스타일을 연출할 수 있는지'를 정확히 알게 되었다.

당신의 리즈 시절은 언제인가? 지금의 모습에 충분히 만족하는가? 30~40대 사람들이 자신의 20대 시절 사진을 SNS에 훈장처럼 올리는 일을 많이 보는데, 과거에 얼마나 날씬하고 잘났는지는 지금의 나에게 그리 중요하지 않다고 말해주고 싶다. 시간이 갈수록 얼굴과 몸이 변하는 건 자연의 섭리지만, 다가올 미래의 모습을 만족스럽게 만드는 건 오직 내 행동과 태도에 달렸기 때문이다.

바쁘다는 핑계로 혹은 나이가 많다는 이유로 자신을 제대로 가꾸지 않는 사람들은 그저 편한 옷을 아무렇게나 입고 화장하지 않은 채 살아간다. 하지만 그렇게 하루하루 바쁜 일상을 치열하게 살아도 내가 자신에게 매력을 느끼지 못한다면 내 삶에서도 만족감을 느끼기 힘들다.

반면 스스로를 만족하는 사람에게서는 늘 기분 좋은 에너지가 느껴진다. 나를 위해 그리고 주변 사람들을 위해 내 모습, 특히 스타일의 개선이 필요한 이유가 바로 이것이다.

보다 적극적인 변화를 원한다면 셀프 메이크오버 프로젝트를 계획해 보자. 현재 내 모습을 정직하게 사진으로 찍어둔다. 이 사진은 비포Before가 된다. 앞서 정리한 스타일 관리 습관을 작은 것부터 하나씩 매일 지켜나가면서 일주일 단위로 변화하는 내 모습을 찍는다. 이전에 찍은 비포 사진과 비교해 보면, 점점 더 리즈에 가까워지는 자신을 발견할 것이다.

지금부터 다가오는 하루하루가 나의 미래를 만든다. 내게 주어진 것들에 매 순간 감사함을 느끼고 늘 보기 좋은 모습으로 나를 가꾼다면, 나이에 관계없이 항상 매력적이고 당당한 사람으로 살아갈 수 있다. 나의 빛나는 리즈 시절은 이제부터 시작이다.

인간이 평생을 바쳐 완성하고 미화해야 하는 여러 작품 중에서 가장 중요한 것은 분명히 인간 그 자신이다.

-존 스튜어트 밀John Stuart Mill

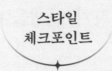

스타일
체크포인트

매력적인 나를 만나려면 제일 먼저 그만둬야 할 생각들

☐ 다시 태어나지 않는 이상 변화하기는 어렵다.

☐ 내 나이에 이건 어울리지 않는다.

☐ 나의 전성기는 이미 지나갔다.

☐ 지금 시도하기엔 너무 늦은 나이다.

☐ 귀찮고 불편한데 내일부터 해야겠다.

☐ 그냥 생긴 대로 살자.

스타일의 변화가 인생을 바꾸는 이유

패션 스타일의 변화가 우리의 인생을 바꾸는 이유는 심리적, 사회적, 실용적 측면에서 설명할 수 있다. 옷차림은 단순한 외적 표현을 넘어서서 자존감, 관계, 그리고 개인의 정체성에 깊은 영향을 미친다.

자신감을 높여줄 스타일의 변화
....

스타일은 자아 표현의 도구다. 자신의 스타일을 바꾸거나 발전시키는 일은 스스로에 대한 자각으로 이어진다. 적절한 옷차림은 자신을 더 잘 표현하도록 돕는다. 스타일이 자기 마음에 들 만큼 나아지면 자신감이 생기고 심리적으로도 더 긍정적인 에너지를 얻는다. 거울 속의 자신이 마음에 들면서 더 당당하고 활기차게 활동할 수 있다.

스타일과 감정은 긴밀히 연결되어 있다. 예를 들어 특정한 옷을 입으면 기분이 좋아지거나 자신이 더 강력한 존재라고 느낄 수 있다. 연구에 따르면 옷은 우리의 감정 상태에도 영향을 미친다. 스스로 보기에 좋고 자신감이 생기는 옷을 입었을 때 긍정적인 감정을 느끼면서 더 나은 하루를 보낼 가능성이 높아진다.

또한 패션은 정체성의 일부분이다. 옷을 통해 우리는 매 순간 자신이 누구인지, 무엇을 추구하는지에 대해 이야기한다. 새로운 스타일을 시도함으로써 우리는 스스로를 새로운 시각으로 바라볼 수 있다. 이는 개인적인 성장을 촉진하는 중요한 과정이 될 수 있다. 패션 스타일을 바꾸면서 기존의 고착된 이미지에서 벗어나 새로운 정체성을 탐구할 수 있다.

스타일의 변화는 새로운 시작을 돕는다

....

스타일의 변화는 심적으로 일종의 '새로운 시작'을 의미할 수 있다. 특히 인생에서 중요한 변화나 새로운 목표가 있을 때 스타일을 새롭게 하면서 내면의 변화를 시각적으로 드러내는 것이 내면과 외면을 일치시키면서 자신의 정체성을 안정시킬 수 있어 심리적으로 도움이 된다.

사람들은 무의식적으로 첫인상을 외모와 스타일을 통해 판단한다. 따라서 스타일의 변화는 타인에게 주는 인상에도 직접적인 영향을 미친다. 스타일이 달라지면 사람들과의 관계에서도 변화가 생긴다. 프로페셔널해 보이거나 세련된 이미지를 주면 나를 향한 다른 사람들의 태도도 전문가를 상대하듯 존중하는 태도로 바뀐다.

새로운 스타일은 자신을 새로운 방식으로 표현하는 기회를 제공한다. 이는 새로운 사람들과 관계를 맺거나 기존의 관계를 새로운 시각으로 보는 데도 도움이 된다.

새로운 기회의 창출

....

스타일의 변화는 때때로 새로운 기회를 가져다주기도 한다. 예를 들어 더 세련되고 전문적인 이미지를 갖추면 직장에서 더 많은 신뢰를 얻으면서 더 큰 역할을 맡을 기회가 주어지기도 한다. 또는 사적으로 새로운 사람을 만나거나 새로운 모임에 참여할 때 스타일이 중요한 역할을 할 수 있다.

변화를 수용하는 태도의 중요성

....

패션 스타일을 바꾸는 것은 변화에 대한 개방성과 유연함을 상징한다. 이는 단순히 외적 변화를 넘어서 내면도 새로운 상황에 도전하고 적응하는 능력을 키울 수 있다. 변화를 수용하는 마음가짐은 인생의 다른 영역에서도 중요한 역할을 해줄 것이다.

자신에게 맞는 스타일을 찾고 변화시키면서 성취감을 얻는다. 특정 직업이나 커리어를 위해 필요한 이미지 변신을 꾀할 때 스타일의 변화는 그 목표에 도달하기 위한 첫걸음이 될 수 있다. 실용적인 면에서도 도움이 되는데 더 편안하고 자신감이 붙는 옷차림은 업무 생산성을 높인다는 연구 결과도 있다.

인생을 바꾸는 스타일의 힘

....

결국 스타일은 단순히 옷을 입는 방식을 넘어서 자신을 바라보는 방식, 타인과 소통하는 방식, 그리고 인생을 살아가는 태도를 반영한다. 스타일 변화는 나의 내면과 외면의 변화를 모두 촉진하며 그로 인해 삶의 전반적인 질이 향상될 수 있다.

"선생님을 만나고 스타일이 달라진 후 제 인생도 달라진 것 같아요. 정말 감사합니다."

지금까지 이야기한 내용은 모두 당신의 스타일 변화를 돕는 이야기였다. 다시 묻고 싶다. 당신은 왜 스타일 변화를 꿈꾸는가? 우리가 더 멋진 스타일을 원하는 이유는 무엇인가?

스스로에게 만족하고 자신감을 얻고 싶어서, 내가 만나는 사람에게 더 매력적인 모습으로 호감을 주고 싶어서…. 결국 우리가 옷을 잘 입고 싶은 이유는 더 좋은 기분을 느끼고 더 좋은 관계를 만들고 싶어서가 아닐까.

어떤 이는 '옷을 잘 입기 위해서 이렇게까지 노력해야 하나요? 그냥 편한 것이 제일 좋은 거 아닌가요?'라는 질문을 할 수도 있다.

하지만 지금까지 책을 읽은 독자라면 스타일의 변화가 내 삶에 무엇을 의미하는지 알 것이다. 자신에게 들이는 정성과 타인에 대한 배려가 스타일로 나타난다. 우리의 인생에서 가장 중요한 것은 나 자신이고 내가 소중하게 생각하는 상대와의 관계다. 결국 스타일은 내 삶을 대하는 태도의 표현이다.

나에게 정성을 쏟는 사람이 아무렇게나 살 가능성은 희박하다. 타인과의 관계를 소중히 생각하는 사람의 태도가 형편없을 가능성도 희박하다. 내가 스타일을 통해서 하고 싶었던 이야기는 결국 더 잘 사는 삶에 대한 이야기였다.

누군가는 옷을 잘 입는 방법에 대해 궁금해하며 이 책을 집었을지도 모르겠다. 옷을 잘 입기 위해서는 특별한 스타일의 법칙을 배우기보다 왜 달라지고 싶은지 자신만의 이유를 먼저 찾아야 한다. 멋지게 바뀌고 싶은 이유가 분명한 만큼 신경 쓴 마음가짐이 옷에도 드러난다. 나는 옷을 고르는 것이 결국 내 삶을 잘 살기 위한 태도를 고르는 것이라고 생각한다. 매일 아침 고른 옷을 통해 그날 기대하는 삶의 태도를 입는 것이다. 그러니 내일은 좀 더 나를 위해 그리고 나를 만나는 사람들을 위해서 옷을 입어보자.

에필로그

나의 잠재된 매력을
세상에 내보이는 기쁨

태도가 중요한 시대다. 직장이나 인간관계에서 문제는 나
의 이야기가 제대로 전해지지 않거나 오해를 사는 일이다. 누
구나 자신만의 매력과 잠재된 능력을 가지고 있지만 그것을 제
대로 표현하며 사는 것은 쉽지 않다.

오늘 당신은 어떤 옷을 입고 나왔는가? 그 옷을 입은 이유
는 무엇인가? 스타일로 세상에 나를 어떻게 표현할지 결정하는
일은 내 정체성과 능력을 드러내는 방법이다. 센스 있게 옷을
입는 사람은 세상에 자신을 내보이는 일에 가치를 두는 사람이
다. 그래서 옷차림에 관심을 가지고 자신에게 어울리는 스타일
을 아는 사람은 그렇지 못한 사람에 비해 센스 있는 소통을 할

가능성이 높다.

자신의 매력이 무엇인지 아는 일은 자신의 무기가 무엇인지를 아는 것과 같다. 타인에게 매력적으로 다가가는 법을 아는 사람은 자신감이 느껴진다. 스스로를 잘 가꾼 사람의 정갈한 옷차림은 자기 자신에게 관심과 애정을 기울인 만큼 스타일에 기분 좋은 에너지가 드러난다.

스타일이 가진 힘을 알고 매일 알맞게 나를 표현하는 옷을 입으면 삶의 지루함은 사라진다. 세상과 더 즐겁게 소통할 수 있고, 그로 인해 세상과 더 가까워질 수 있다. 이 책을 읽고 당신의 매력을 스타일에 마음껏 담을 수 있기를, 당신이 원하는 모습으로 살아가는 기쁨을 누릴 수 있기를 바란다.

호감을 얻는 자기표현 수업

스타일은 태도다

초판 1쇄 인쇄 2024년 11월 21일
초판 1쇄 발행 2024년 11월 28일

지은이 김주미
펴낸이 김선식

부사장 김은영
콘텐츠사업2본부장 박현미
책임편집 최현지 **디자인** 마가림 **책임마케터** 문서희
콘텐츠사업5팀장 김현아 **콘텐츠사업5팀** 마가림, 남궁은, 최현지, 여소연
마케팅본부장 권장규 **마케팅1팀** 박태준, 오서영, 문서희 **채널팀** 권오권, 지석배
미디어홍보본부장 정명찬 **브랜드관리팀** 오수미, 김은지, 이소영, 박장미, 박주현, 서가을
뉴미디어팀 김민정, 고나연, 변승주, 홍수경
지식교양팀 이수인, 염아라, 석찬미, 김혜원, 이지연
편집관리팀 조세현, 김호주, 백설희 **저작권팀** 이슬, 윤제희
재무관리팀 하미선, 임혜정, 이슬기, 김주영, 오지수
인사총무팀 강미숙, 이정환, 김혜진, 황종원
제작관리팀 이소현, 김소영, 김진경, 최완규, 이지우, 박예찬
물류관리팀 김형기, 김선민, 주정훈, 김선진, 한유현, 전태연, 양문현, 이민운

펴낸곳 다산북스 **출판등록** 2005년 12월 23일 제313-2005-00277호
주소 경기도 파주시 회동길 490 다산북스 파주사옥
전화 02-704-1724 **팩스** 02-703-2219 **이메일** dasanbooks@dasanbooks.com
홈페이지 www.dasan.group **블로그** blog.naver.com/dasan_books
용지 한솔PNS **인쇄** 민언프린텍 **코팅·후가공** 제이오엘앤피 **제본** 다온바인텍

ISBN 979-11-306-6116-2 (03320)

다산북스(DASANBOOKS)는 책에 관한 독자 여러분의 아이디어와 원고를 기쁜 마음으로 기다리고 있습니다.
출간을 원하는 분은 다산북스 홈페이지 '원고 투고' 항목에 출간 기획서와 원고 샘플 등을 보내주세요.
머뭇거리지 말고 문을 두드리세요.